Bastian Giegerich

Die NATO

Bastian Giegerich

Springer VS

ISBN 978-3-531-18409-8   ISBN 978-3-531-94182-0 (eBook)

DOI 10.1007/978-3-531-94182-0

Die Deutsche Nationalbibliothek verzeichnet diese Publikation in der Deutschen Nationalbibliografie; detaillierte bibliografische Daten sind im Internet über http://dnb.d-nb.de abrufbar.

Einbandentwurf: KünkelLopka Medienentwicklung, Heidelberg

Gedruckt auf säurefreiem und chlorfrei gebleichtem Papier

Springer VS ist eine Marke von Springer DE.
Springer DE ist Teil der Fachverlagsgruppe Springer Science+Business Media
www.springer-vs.de

Inhaltsverzeichnis

1 Sicherheitsbündnis im Wandel

„Obwohl die NATO beschäftigter ist als jemals zuvor, ist ihr Wert für Viele weniger offensichtlich als in der Vergangenheit" (Group of Experts 2010: 5, Übersetzung des Verf.). Diese Erkenntnis, aufgeschrieben im Frühjahr 2010 von einer Expertengruppe um die ehemalige amerikanische Außenministerin Madeleine Albright, die im Auftrag des NATO Generalsekretärs Anders Fogh Rasmussen die Neuauflage des strategischen Konzepts der Allianz vorbereiten half, drückt das Kernproblem der NATO in der siebten Dekade ihres Bestehens aus. Die NATO, 1949 gegründet als Bündnis zur kollektiven Selbstverteidigung, hat sich in eine Organisation zur Bewältigung einer Vielzahl von Sicherheitsbedrohungen und -risiken gewandelt. Sie hat damit auf den Wandel des internationalen sicherheitspolitischen Umfeldes reagiert. Seit dem Ende des Kalten Krieges 1989 befindet sich die NATO in einem „unaufhörlichen Prozess der Transformation – von Strukturen und Organisation, von Einsätzen, Partnerschaften und Mitgliedschaften" (Sperling und Webber 2009: 491, Übersetzung des Verf.).

Der heutigen NATO liegt ein völlig anderer Sicherheitsbegriff zugrunde als es bei der Gründung der Fall war. Während es ursprünglich um territoriale Verteidigung, Abschreckung und Behauptung der Souveränität und Selbstbestimmung des Euro-Atlantischen Raums ging, so sind diese Aspekte zwar nicht verschwunden, aber doch merklich in den Hintergrund getreten. Heute ist der Sicherheitsbegriff nicht mehr primär militärisch geprägt und der Schutz von Individuen ist unter dem Schlagwort der menschlichen Sicherheit in den Vordergrund getreten. Die Gefährdung geht nicht mehr von einem beachtlichen Militärpotential eines feindlich gesinnten Bündnisses im Osten der Allianz aus, sondern von einer Vielzahl von diffusen Akteuren und Entwicklungen, welche die Sicherheit der NATO Mitglieder zwar nicht existentiell, so aber doch in vielerlei Hinsicht indirekt bedrohen. Während bis 1989 ein

Verständnis von Sicherheit vorherrschte, dass sich auf der einen Dimension relativ klar in externe und interne Sicherheit und auf der anderen in militärische und zivile Sicherheit unterteilen ließ, steht seither das Bild eines Bedrohungskontinuums im Vordergrund, das derartiges Schubladendenken obsolet macht.

Die NATO hat auf diese Entwicklungen reagiert, in dem sie ihr Aufgabengebiet ergänzt und neue Mitglieder aufgenommen hat. Die Allianz versucht nun durch Kooperation mit einer Vielzahl von Partnern und durch militärische Einsätze jenseits des Bündnisgebietes zu internationaler Stabilität und Sicherheit beizutragen. Ihre Erweiterung nach Mittel- und Osteuropa bedeutet, zusammen mit der parallel erfolgten EU-Erweiterung, einen Stabilitätstransfer, der nach dem Zerfall des Warschauer Paktes und der Sowjetunion half, Zonen der Instabilität in Europa einzudämmen und zu verhindern. Vieles spricht dafür, dass die erstaunliche Anpassungsleistung der NATO, als Reaktion auf veränderte internationale Rahmenbedingungen, einen wesentlichen Beitrag dazu geleistet hat, die Relevanz der NATO zu sichern. Andererseits lässt sich auch die These aufstellen, dass die NATO Gefahr läuft, sich funktional zu überdehnen und ihren Wesenskern als Verteidigungsbündnis zu verlieren. Wie das eingangs genannte Zitat der Albright-Expertengruppe unterstreicht, ist der Beitrag, den die NATO zur Sicherheit ihrer Mitglieder leistet, heute weniger klar zu fassen. Gerade auch die Auslandseinsätze in Bosnien, Kosovo und Afghanistan haben unterschiedliche Bedrohungswahrnehmungen und Lösungsstrategien der Mitglieder in den Vordergrund gespült.

Das im November 2010 verabschiedete strategische Konzept der NATO, das den Vorläufer von 1999 ersetzt, bildet vorerst den Abschluss der bisherigen Entwicklung und ist Anlass der Bestandsaufnahme. Das vorliegende Buch soll helfen, die Evolution der NATO anhand von ausgewählten Themenfeldern verständlich zu machen und nachzuzeichnen. Es ist als Einführung, die einen Überblick bietet, sowie als erste Anlaufstelle für eine weitere vertiefte Auseinandersetzung mit der Materie zu verstehen.

Der verbleibende Teil des Einleitungskapitels fasst die groben Entwicklungslinien der NATO von ihrer Entstehung bis zum neuen strategischen Konzept zusammen. Im zweiten Kapitel werden der institutionelle Aufbau und die Funktionsweise der politischen und militärischen Strukturen der NATO beleuchtet. Darauf folgt im dritten Kapitel eine Analyse der Strategiedokumente der NATO seit 1949, die darlegen, was die NATO mit welchen Mitteln erreichen will, und somit die politisch-strategische Grundkonzeption des Bündnisses ausformulieren. Das Buch wendet sich dann der Frage der NATO Erweiterung zu. Während hierbei auch Erweiterungen während des Kalten Krieges berücksichtigt werden, liegt der Schwerpunkt auf der in den 1990er Jahren eingeleiteten Osterweiterung. Das Kapitel schließt mit Bemerkungen zur Zukunft der NATO Politik der ‚offenen Tür'. Während die NATO schon während des Kalten Krieges darauf hinwies, dass die Sicherheit ihrer Mitglieder auch von Entwicklungen jenseits des Bündnisgebiets abhängt, brachte der Zerfall Jugoslawiens die NATO in das operative Geschäft. Die Vielzahl der seither durchgeführten Einsätze und die durch sie aufgeworfenen Herausforderungen werden im fünften Kapitel beschrieben. Seit Mitte der 1990er Jahre unterhält die NATO ein komplexes Geflecht an Partnerschaftsprogrammen, das Nichtmitgliedern die Möglichkeit zur institutionalisierten Zusammenarbeit mit der Allianz bietet. Darüber hinaus hat die NATO vielfältige Kooperationsbeziehungen zu anderen multilateralen Sicherheitsakteuren inklusive den Vereinten Nationen (VN) und der EU. Die Ziele, Entwicklungen, Errungenschaften und Probleme dieser kooperativen Sicherheitspartnerschaften werden in den Kapiteln 6 und 7 ausgeführt. Das achte Kapitel bietet die Gelegenheit zur theoretischen Reflektion. Hier werden verschiedene Theorieansätze aus dem politikwissenschaftlichen Arbeitsbereich der Internationalen Beziehungen herangezogen, um den Wandel des Bündnisses und seine andauernde Relevanz zu erklären. Das Buch schließt mit einem kurzen Ausblick, der künftige Herausforderungen, denen sich die NATO stellen muss, skizziert.

1.1 Gründung der NATO und vertragliche Grundlagen

Die NATO entstand als regionales Bündnis zur kollektiven Verteidigung, deren Einrichtung die Charta der Vereinten Nationen in Artikel 51 explizit vorsieht, der Mitgliedstaaten das Recht zur individuellen und kollektiven Verteidigung einräumt. Die NATO ist das bedeutendste Beispiel derartiger Regionalpakte. Als System der kollektiven Verteidigung, verpflichten sich seine Mitglieder zum gegenseitigen Beistand im Falle einer externen Aggression bzw. Bedrohung. Der Wesenskern einer kollektiven Verteidigungsorganisation unterscheidet sich somit von Systemen kollektiver Sicherheit, wie die VN, die darauf abzielen, Sicherheit in den Beziehungen zwischen den teilnehmenden Staaten herzustellen. Allerdings können Bündnisse zur kollektiven Verteidigung auch im Sinne von kollektiver Sicherheit wirken, wenn sie Konflikte zwischen Mitgliedstaaten friedlich beilegen und einhegen. Dies ist auch für die NATO zu konstatieren (Varwick 2008: 16-18).

Die Gründung der NATO erschließt sich vor dem Hintergrund des einsetzenden Kalten Krieges und insbesondere der von westlichen Demokratien geteilten Wahrnehmung, dass die Sowjetunion eine expansionistisch orientierte Politik verfolgte. Allerdings richteten sich erste vertraglich geregelte Beistandsverpflichtungen zwischen Staaten in Westeuropa unmittelbar nach Ende des Zweiten Weltkrieges noch gegen die Gefahr eines wieder erstarkenden Deutschlands. So unterzeichneten die Regierungen Frankreichs und Großbritanniens am 4. März 1947 den Vertrag von Dünkirchen, der eine automatische militärische Beistandspflicht beinhaltete. Hierauf folgte 1948 der Brüsseler Pakt, der neben der deutschen Dimension auch bereits von dem Gedanken eines regional organisierten Verteidigungsbündnisses gegen die Sowjetunion angetrieben wurde. Er wurde am 17. März von Belgien, Frankreich, Großbritannien, Luxemburg und den Niederlanden unterzeichnet und erstreckte sich außerdem auf wirtschaftliche, kulturelle und gesellschaftliche Zusammenarbeit. Aus ihm ging 1954 die Westeuropäische Union (WEU) hervor, die erst 2011 endgültig aufgelöst wurde.

Ein wesentliches Ziel der britischen Regierung war es, auch die USA langfristig und dauerhaft in Fragen der Verteidigung Europas einzubinden. Wenngleich der japanische Angriff vom 7. Dezember 1941 auf die amerikanische Pazifikflotte in Pearl Harbor isolationistische Tendenzen in der amerikanischen Sicherheitspolitik untergraben hatte, war die Regierung in Washington zunächst nicht bereit, formale Verpflichtungen einzugehen. Im Frühjahr 1949 fanden allerdings Geheimverhandlungen zwischen Großbritannien, Kanada und den USA statt, um den Boden für einen derartigen Schritt zu bereiten. Die Delegationen verfügten hierbei über ein hohes Maß an Verhandlungsspielraum und nutzen die unter ihnen bestehende Übereinstimmung, um in einem Bericht an ihre Regierungen die Ausweitung des Brüsseler Pakts und einen regionalen Sicherheitspakt für den Nordatlantikraum anzuregen (Gersdorff 2009: 119-122).

Eine nach dem amerikanischen Senator Arthur Vandenberg benannte Resolution (Vandenberg Resolution), die am 11. Juni 1948 im US Senat beschlossen wurde, ebnete den Weg. Der Senat argumentierte nun, dass sich die USA in regionalen Sicherheitsorganisationen im Sinne der VN Charta engagieren soll. Eine Woche später schlug der kanadische Premierminister Louis Saint-Laurent einen regionalen Verteidigungspakt vor, der auf eine transatlantische Allianz gegen die Sowjetunion hinauslief. Im Juli machte US Präsident Harry S. Truman die Vorgabe, dass die Vandenberg Resolution umgesetzt werden solle. Der Nordatlantikvertrag wird schließlich am 4. April 1949 unterzeichnet und tritt nach seiner Ratifizierung am 24. August in Kraft (NATO 1949).

Mit seinen 14 Artikeln und einer kurzen Präambel bildet er nach wie vor die vertragliche Grundlage der NATO. Die Präambel hebt neben dem Bekenntnis zu der Charta der Vereinten Nationen und dem Wunsch in Frieden zu leben hervor, dass die unterzeichnenden Staaten ihre Freiheit, ihr gemeinsames Erbe und ihre geteilte Zivilisation verteidigen wollen, die wiederum auf den Prinzipien Demokratie, individuelle Freiheit und Rechtstaatlichkeit beruhen. Somit unterstreicht sie, dass sich die NATO seit ihrer Gründung als Wertegemeinschaft verstanden hat.

Artikel 1 des Vertrages verpflichtet die Mitglieder internationale Streitfälle friedlich beizulegen und jegliche Gewaltandrohung oder -anwendung, die nicht im Einklang mit der VN-Charta steht, zu unterlassen. Artikel 2 definiert die Stärkung der freien, demokratischen Institutionen in den Mitgliedstaaten sowie das Ausräumen von wirtschaftlichen Konfliktpunkten zwischen ihnen als Beitrag zum internationalen Frieden. Neben dieser Binnenfunktion richtet sich dieser Artikel aber auch nach außen, da die Vertragspartner Anstrengungen unternehmen wollen, das Verständnis für die in der Präambel genannten Prinzipien ihrer Gesellschaftsordnung zu stärken. Artikel 3 verpflichtet die Partner ihre Fähigkeiten zur individuellen und kollektiven Verteidigung auszubauen, und bildet somit die Grundlage für eine militärische Zusammenarbeit. Artikel 4 gibt vor, dass jedes NATO Mitglied politische Konsultationen anregen kann, wenn es die territoriale Unversehrtheit, politische Unabhängigkeit oder Sicherheit einer der Vertragsparteien bedroht sieht. Dieser Artikel bildet somit die Grundlage für ein weitreichendes Konsultationsangebot.

Artikel 5, der in der öffentlichen Wahrnehmung das Hauptelement des Nordatlantikvertrages darstellt, soll hier im Wortlaut wiedergegeben werden:

„Die Parteien vereinbaren, dass ein bewaffneter Angriff gegen eine oder mehrere von ihnen in Europa oder Nordamerika als ein Angriff gegen sie alle angesehen wird; sie vereinbaren daher, dass im Falle eines solchen bewaffneten Angriffs jede von ihnen in Ausübung des in Artikel 51 der Satzung der Vereinten Nationen anerkannten Rechts der individuellen oder kollektiven Selbstverteidigung der Partei oder den Parteien, die angegriffen werden, Beistand leistet, indem jede von ihnen unverzüglich für sich und im Zusammenwirken mit den anderen Parteien die Maßnahmen, einschließlich der Anwendung von Waffengewalt, trifft, die sie für erforderlich erachtet, um die Sicherheit des nordatlantischen Gebiets wiederherzustellen und zu erhalten. Von jedem bewaffneten Angriff und allen daraufhin getroffenen Gegenmaßnahmen ist unverzüglich dem Sicherheitsrat Mitteilung zu machen. Die Maßnahmen sind einzustellen, sobald der Sicherheitsrat diejenigen Schritte unternommen hat, die notwendig sind, um den internationalen Frieden und die internationale Sicherheit wiederherzustellen und zu erhalten."

Während Artikel 5 also das Prinzip der kollektiven Verteidigung verankert, schreibt er, anders als noch der Brüsseler Pakt von 1948, den Vertragsparteien keine automatische Pflicht zum militärischen Beitrag vor. Es bleibt vielmehr den einzelnen Mitgliedern überlassen, zu entscheiden, welche Maßnahmen ergriffen werden.

Diese Qualifizierung des Beistandversprechens geht vor allem auf die Regierung der USA zurück, die Bedenken im US Kongress entgegentreten wollte, dass der Nordatlantikvertrag eventuell das verfassungsrechtlich verbriefte Kriegerklärungsrecht des amerikanischen Parlaments beeinträchtigen würde. Artikel 5 ist somit ein Kompromiss zwischen diesen Vorbehalten und dem gewollten politischen Signal, das potentielle Gegner abschrecken und den Europäern zudem des Beistands der USA versichern sollte (Michel 2003: 198; Gersdorff 2009: 437). Bisher wurde in der gesamten Geschichte der NATO Artikel 5 erst einmal aktiviert: als Reaktion auf die Terroranschläge auf die USA vom 11. September 2001 und auf Betreiben des damaligen NATO Generalsekretärs Lord George Robertson.

In Artikel 6 wird das Vertragsgebiet, also die geographische Zone auf die Artikel 5 Anwendung findet, festgeschrieben. Es handelt sich hierbei um das Staatsgebiet der Mitglieder sowie unter ihrer Verwaltung stehende Gebiete nördlich des Wendekreises des Krebses. Es erstreckt sich ferner auf die Streitkräfte der Vertragsparteien in diesen Gebieten. Artikel 7 und 8 verweisen darauf, dass der Nordatlantikvertrag nicht die Rechte und Pflichten unter der VN-Charta einschränkt und dass keinerlei Verpflichtungen bestehen, oder von den Mitgliedern eingegangen werden, die dem Nordatlantikvertrag widersprechen.

Artikel 9 ist der einzige Artikel, der Vorgaben für die institutionelle Ausgestaltung der NATO macht. Er sieht die Einrichtung eines Rats, in dem alle Mitgliedstaaten repräsentiert sind, sowie nachgeordnete Stellen vor, die nach Bedarf einzurichten sind. Das einzige andere Gremium, das hier Erwähnung findet, ist der Verteidigungsausschuss, der Maßnahmen zur Umsetzung von Artikel 3 und 5 ausarbeiten soll. Artikel 10 schuf die Grundlage für eine künftige Ausdehnung der NATO auf neue Mitglieder indem er besagt, dass andere europäische Staaten, welche zu den Prinzipien und Zielen des Vertrages beitragen können, durch einstimmigen Beschluss aufgenommen werden können.

Die abschließenden Artikel 11-14 regeln technische Aspekte von der Ratifizierung (Artikel 11), Änderung (Artikel 12), und Kündigung (Artikel 13) bis zur rechtlichen Gleichwertigkeit der englischen und französischen Vertragstexte (Artikel 14). Der Nordatlantikvertrag ist unbegrenzt gültig. Mitglieder können den Vertrag seit dem zwanzigsten Jahrestag seines Inkrafttretens, also seit dem 24. August 1969, mit einer Frist von einem Jahr kündigen.

Die Gründungsmitglieder der NATO waren: Belgien, Dänemark, Frankreich, Großbritannien, Island, Italien, Kanada, Luxemburg, die Niederlande, Norwegen, Portugal, und die USA. Die Zahl der NATO Mitglieder ist seither von 12 auf 28 angewachsen. In der Liste der Gründungsmitglieder mag Portugal, gerade aufgrund der normativen Prägung der Präambel des Nordatlantikvertrages überraschen – das Land war damals noch eindeutig autoritär und keinesfalls demokratisch geprägt. Allerdings überwog im damaligen Kalkül der Beitrag, den das stark antikommunistische Portugal in seiner Funktion als Brückenkopf für amerikanische Soldaten im Falle einer militärischen Auseinandersetzung mit der Sowjetunion gehabt hätte (Kaplan 2001: 195; Varwick 2008: 22). Zusammenfassend kann also festgehalten werden, dass der Nordatlantikvertrag seinen Mitgliedern Schutz vor externen Bedrohungen und Aggressionen bieten soll. Dies schließt die Werteordnung der demokratischen Gründerstaaten, trotz des oben benannten Kompromisses, ein.

1.2 Entwicklung während des Kalten Krieges

Vor dem Hintergrund des Ost-West Konflikts stand klar die Funktion der NATO als Verteidigungsbündnis gegen externe Aggression im Vordergrund. Abschreckung, also die Androhung von Gewalt, um den Frieden zu wahren, symbolisierte die Leitidee. Während des Kalten Krieges wurden Konsolidierungsschritte im Rahmen der NATO immer wieder unter dem Eindruck externer Krisen begangen. So löste die Invasion Südkoreas durch den Norden am 25. Juni 1950 eine engere militärische Kooperation innerhalb der NATO aus und befeuerte die kontrovers geführte Debatte um eine Wiederbewaffnung Westdeutschlands und einen möglichen deutschen Beitrag zur Verteidigung des Westens.

Im September 1950 entscheidet der Nordatlantikrat, dass die NATO ihr Bündnisgebiet so weit wie möglich im Osten verteidigen müsse, um Ereignisse wie die in Asien zu verhindern. Der Begriff der Vorwärtsverteidigung ist damit geboren. Im Dezember werden die ersten integrierten Militärstrukturen der NATO ins Leben gerufen und die Einrichtung eines obersten Hauptquartiers für die Verteidigung Westeuropas beschlossen. Der amerikanische General Dwight D. Eisenhower wird zum ersten Oberbefehlshaber ernannt. Im Februar 1952 treten Griechenland und die Türkei der NATO bei und der Nordatlantikrat beschließt ein Streitkräfteziel nach dem der NATO 96 Divisionen zur Verfügung gestellt werden sollen. Dieses Ziel, das bis 1954 erreicht werden sollte, stellte eine entschiedene Willensbekundung dar, erwies sich allerdings aufgrund fehlender militärischer Fähigkeiten als theoretische Größe.

Das Scheitern der seit 1950 diskutierten Pläne zur Einrichtung einer Europäischen Verteidigungsgemeinschaft (EVG) mit westdeutscher Beteiligung im August 1954, führt schließlich dazu, dass die Bundesrepublik im Oktober eingeladen wird, der NATO beizutreten. Der Beitritt erfolgt am 6. Mai 1955 und markiert einen weiteren wichtigen Konsolidierungsschritt, nicht zuletzt da somit ein entscheidendes innereuropäisches Sicherheitsproblem gewissermaßen in der NATO aufgelöst wird. Mit der Eingliederung Westdeutschlands in das Bündnis können Verteidigungskapazitäten, nun verstärkt durch einen sich entwickelnden deutschen Beitrag, auf den Ost-West Konflikt ausgerichtet werden.

Auch hieran schließt sich wiederum eine dichte Folge von externen Krisen, welche die Entwicklung der NATO weiter forcierten. Die Niederschlagung der Revolte in Ungarn durch die Sowjetunion 1956 sowie die Berlinkrise von 1958-61, die mit dem Bau der Berliner Mauer endet, sind Wegmarken einer sich zuspitzenden Konfrontation zwischen den Blöcken. Sie gipfelt in der kubanischen Raketenkrise im Oktober 1962, die durch den sowjetischen Versuch Mittelstreckenraketen auf Kuba zu stationieren, ausgelöst wurde. Die Einsicht der Supermächte USA und Sowjetunion, dass sie einer atomaren Auseinandersetzung nur knapp entgangen sind, wird in der Folgezeit eine Annäherung und Rüstungskontrollbemühungen generieren.

Seit Ende der 1950er Jahre gestaltete sich außerdem die Rolle Frankreichs innerhalb des Bündnisses zunehmend schwieriger. Der französische Präsident Charles de Gaulle unternahm im September 1958 den Versuch, die von ihm wahrgenommene Vorherrschaft der USA und Großbritanniens zu brechen, in dem er einen Dreierbund zur gemeinsamen politischen Führung der NATO vorschlug. Die Tatsache, dass diese Initiative und die Selbstreklamation einer Führungsrolle im Bündnis scheiterte, und von den Briten und Amerikanern zurückgewiesen wurde, trägt zur zunehmenden Nationalisierung der französischen Verteidigungspolitik bei. Diese beinhaltet den Aufbau einer autonomen nuklearen Handlungsoption für Frankreich. Im März 1966 führt sie zu der Ankündigung, dass Frankreich sein Personal aus den integrierten Stäben der NATO abziehen und die Unterstellung französischer Einheiten unter die NATO beenden werde. Auch alle NATO Führungsstrukturen, Stützpunkte und Einheiten müssen bis April 1967 abziehen. Während Frankreich auch nach diesen Entscheidungen vollwertiges NATO Mitglied im politischen Sinne blieb, wurde die vollständige Reintegration in die gemeinsamen militärischen Strukturen der NATO erst 2009 beschlossen.

Ein vom belgischen Außenminister Pierre Harmel 1967 angestoßener Report (Harmel Bericht) legte den Grundstein für ein sich wandelndes Selbstverständnis der NATO. Er entfalte große Wirkung, da er den bis dahin oftmals angenommenen Widerspruch zwischen Verteidigung und Entspannungspolitik im Ost-West Konflikt zurückwies und die politische Dimension der NATO stärkte. Er argumentierte, dass „militärische Sicherheit und eine Politik der Entspannung nicht widersprüchlich sondern ergänzend" sind (NATO 1967: Par. 5). Die Alliierten wurden aufgefordert, eine Verbesserung der Beziehungen zur Sowjetunion und osteuropäischen Staaten anzustreben, ohne jedoch eine politische Teilung der Allianz zuzulassen (NATO 1967: Par. 7). Gleichzeitig verwies er auf die Aufgabe, auch exponierte Gebiete der NATO, wie im Mittelmeerraum, zu schützen. Das im Harmel Bericht ausgedrückte Sicherheitsverständnis beruht also auf der Verbindung von Abschreckung und Dialog mit dem Gegner.

Im Verlauf der 1970er Jahre entwickelte sich aber gerade die Entspannungspolitik und mit ihr verbundene Rüstungskontrollbemühungen zwischen den USA und der Sowjetunion zu einer

Problemkonstellation innerhalb der NATO, die bis in die nächste Dekade reichen sollte. Die europäischen Mitglieder der Allianz befürchteten nämlich, dass eine direkte Zusammenarbeit der Großmächte zu einer Vernachlässigung europäischer Interessen führen würde. Besonders die Aufrüstung der Sowjetunion mit Mittelstreckenraketen rief die Angst hervor, im Falle eines Angriffs von den USA allein gelassen zu werden. Würden die Amerikaner bei einem Angriff der Sowjetunion auf Westeuropa mit Mittelstreckenraketen wirklich eine interkontinentale nukleare Antwort geben? Die nukleare Überlegenheit der Sowjetunion in Europa führt schließlich im Dezember 1979 zum sogenannten NATO Doppelbeschluss. Die Verteidigungs- und Außenminister des Bündnisses beschlossen, dass die NATO bis Dezember 1983 Gegenkräfte in Form von Tomahawk Marschflugkörpern und Pershing 2 Mittelstreckenraketen aufbieten würde, wenn die Sowjetunion bis dahin nicht ihre SS-20 Mittelstreckenraketen aus Mittel- und Osteuropa abgezogen hat. Dieser Entschluss wurde auf Drängen einiger europäischer NATO Mitglieder mit einem Verhandlungsangebot verbunden, das die gegenseitige Begrenzung von Mittelstreckenraketen vorsah. Als diese Verhandlungen scheiterten, wurde der Doppelbeschluss gegen den Widerstand der Bevölkerung in mehreren NATO Staaten, darunter Deutschland, durchgesetzt. Diese Entwicklung, zusammen mit der sowjetischen Invasion Afghanistans Ende 1979, leitete wieder eine deutliche Abkühlung in den Beziehungen zwischen den Blöcken ein – besonders die USA werteten sie als Ende der Entspannungspolitik. Allerdings bot sich durch die unter Michail Gorbatschow 1985 eingeleitete Umgestaltung der sowjetischen Politik alsbald die Möglichkeit zu einem Neuanfang, wenngleich unter den NATO Partnern zunächst keine Einigung bestand, wie auf die Politik Gorbatschows reagiert werden sollte.

Die ersten vier Jahrzehnte der NATO wurden also geprägt von einer Vielzahl von Auseinandersetzungen und Krisensituationen, zumeist, aber nicht immer, hervorgerufen durch internationale Entwicklungen außerhalb des Bündnisses. Allerdings ist die NATO hieran nicht zerbrochen, sondern hat immer wieder einen Ausgleich der nationalen Interessen der Mitglieder herbeiführen können, der oftmals einen Antrieb zur Weiterentwicklung der Allianz lieferte. Zum Ende des Kalten Krieges hatte sich die NATO als institutioneller Rahmen bewährt, der seinen Mitgliedern die Herausbildung von „Verhaltensregeln, Verhaltensnormen und gegenseitigen Erwartungshaltungen" (Varwick 2008: 40) im Bereich der Sicherheitspolitik ermöglichte.

1.3 Übergang und Neuorientierung seit 1990

Die gewaltigen internationalen Umwälzungen, die mit dem Ende der Blockkonfrontation verbunden sind, stellten die NATO vor völlig neue Bedingungen und lösten einen Anpassungsprozess aus, der sie bis heute beschäftigt. Am 6. Juni 1990 schlagen die NATO Mitgliedstaaten den Mitgliedern des Warschauer Pakts eine feierliche Erklärung vor, die besagen sollte, dass sie sich nicht mehr gegenseitig als Gegner betrachten (NATO 1990: Par. 6). Diese Erklärung erfolgt auf dem KSZE Gipfel im November, auf dem außerdem wichtige Abrüstungsverträge unterzeichnet werden. Mit einem neuen strategischen Konzept versucht die NATO im November 1991 eine erste Antwort darauf zu geben, welche Aufgaben die NATO im neuen sicherheitspolitischen Umfeld wahrnehmen soll. Allerdings wird die Allianz auch in dieser Phase zumindest in Teilen von der Entwicklung getrieben. Zum einen führt der Zerfall Jugoslawiens die Realität von militärischen Konflikten in der Peripherie vor Augen, die nach Antworten verlangt. Zum anderen wird der Ruf innerhalb vieler Staaten, die ehemals dem Warschauer Pakt angehörten, nach einer engen Kooperation mit der NATO oder sogar einer Perspektive auf Mitgliedschaft laut. Drittens steht die Frage nach einer möglichen Europäisierung der NATO im Raum.

Seit 1995 ist die NATO fest im operativen Geschäft des militärischen Krisenmanagements, also militärischen Einsätzen, die nicht primär der kollektiven Selbstverteidigung dienen, verankert. Sie ist dabei als Unterstützer der Vereinten Nationen, der Europäischen Union und der OSZE aufgetreten, hat aber auch, im Kosovo, auf völkerrechtlich strittiger Grundlage interveniert. Somit steht die Existenz der NATO mittlerweile verstärkt im Zeichen der Projektion militärischer Stärke im Dienste internationaler Sicherheit und Stabilität. Risiken jenseits des Bündnisgebiets wirken sich zumindest indirekt auf die Sicherheit der NATO Mitglieder aus und die Allianz musste darauf reagieren. Ferner ist die NATO durch den Prozess der Erweiterung nach Mittel- und Osteuropa auf nunmehr 28 Mitglieder angewachsen. Auch die Entscheidung zur Erweiterung und ihre Umsetzung stellt eine wesentliche Reaktion auf die neuen Rahmenbedingungen dar. Sowohl das Engagement im militärischen Krisenmanagement als auch die Erweiterung führen aber auch zu Ermüdungserscheinungen in der Allianz. Mit dem Wegfall der externen Bedrohung durch die Sowjetunion, die von lediglich begrenzten Interessen der Mitgliedstaaten getragenen internationalen Einsätze, wie auch die immer heterogener werdende Mitgliedschaft, bergen die Gefahr, dass der notwendige Konsens innerhalb der NATO zerfasert und sich aufgrund dieser zentrifugalen Kräfte Lager herausbilden. Sowohl militärisch (Einsätze) als auch politisch (Erweiterung und Partnerschaften) hat die NATO enorme Flexibilität an den Tag gelegt.

Die Anpassungsfähigkeit wird von vielen Beobachtern als Grundvoraussetzung für den Fortbestand und eine andauernde Relevanz der NATO gesehen. Gleichzeitig wird darauf verwiesen, dass die NATO hierdurch immer wieder potentiell vor einer Existenzfrage steht. Varwick (2008: 44) argumentiert, die NATO habe „nur dann eine Zukunft, wenn es ihr gelingt, ohne geographische Beschränkungen dort politisch und militärisch zu wirken, wo Bedrohungen der Sicherheit bestehen." Williams verweist in seiner Studie auf den fundamentalen Wandel: während die NATO des Kalten Krieges Sicherheit durch Abschreckung herstellen konnte, muss sie nun Konzepte entwickeln, die zur Bearbeitung der innerhalb der NATO durchaus unterschiedlich wahrgenommenen Sicherheitsrisiken des gegenwärtigen Umfelds taugen. Die Institutionalisierung eines neuen Paradigmas gestalte sich schwierig, da die NATO Mitglieder sich nicht einigen können „was die Natur der Risiken ist, welche Risiken bewältigt werden sollen und wie diese bewältigt werden sollen" (Williams 2009: 114, Übersetzung des Verf.).

2 Politische und militärische Strukturen

Der Nordatlantikvertrag sah lediglich die Schaffung des Nordatlantikrats vor, nahm aber darüber hinaus keine institutionellen Weichenstellungen vor. Nichtsdestotrotz verfügt die NATO heute über ein komplexes System an politischen und militärischen Strukturen, die in diesem Kapitel beleuchtet werden. Während die NATO Mitgliedstaaten den integrierten Militärstrukturen nicht zwangsläufig angehören müssen, siehe das Beispiel Frankreich, das sich von 1966 bis 2009 aus diesen zurückgezogen hatte, wirken alle Mitglieder an den politischen Strukturen mit. Hierin kommt zum Ausdruck, dass es sich bei der NATO um eine politische Allianz mit militärischen Fähigkeiten handelt, das militärische Element also den politischen Vorgaben untergeordnet ist.

Die NATO ist ein Bündnis souveräner Staaten. Hieraus ergibt sich, dass alle Entscheidungsprozesse in der NATO auf den Prinzipien der freiwilligen Kooperation und der Einstimmigkeit beruhen. Zur Steuerung und Vorbereitung dieser Prozesse benötigen und nutzen die Mitglieder die hier vorgestellten Strukturen. Einstimmigkeit als Entscheidungsmodus selbst ist im Nordatlantikvertrag explizit wiederum nur im Hinblick auf eventuelle Erweiterungen der Allianz vorgesehen (Art. 10). Allerdings hat sie sich gewohnheitsrechtlich auf sämtlichen Entscheidungsebenen der NATO etabliert (Michel 2003: 196-197).

Der notwendige Konsensus unter den Mitgliedern wird durch einen beständigen Konsultationsprozess in den politischen und militärischen Strukturen wesentlich erleichtert. NATO Mitglieder können die unterschiedlichen Gremien dazu nutzen, ihre Positionen und Ziele einander zu erläutern. Durch diese andauernde Interaktion und den resultierenden Informationsfluss entsteht eine umfassende Einschätzung der Bereiche, in denen Politikziele konvergieren oder sich Spaltlinien auftun, was den Kooperationsprozess insgesamt für alle beteiligten Staaten berechenbarer macht.

Sowohl in den politischen als auch den militärischen Strukturen lassen sich drei wesentliche Ebenen unterscheiden: zum einen gibt es ein übergeordnetes Hauptorgan, dem verschiedene nachgeordnete Organe zuarbeiten. Diese werden wiederum durch eine Vielzahl an verwaltenden Strukturen unterstützt, die Entscheidungen und NATO Politik vorbereiten bzw. an deren Implementierung arbeiten.

2.1 Politische Strukturen

Höchstes Entscheidungsgremium der NATO ist der im Nordatlantikvertrag vorgesehene Nordatlantikrat. Alle anderen Strukturen der NATO werden durch ihn legitimiert bzw. wurden durch ihn geschaffen. In der Regel tritt er einmal in der Woche auf Ebene der ständigen Vertreter, der Botschafter der NATO Mitglieder, zusammen. Er kann bei Bedarf aber auch häufiger einberufen werden. Des Weiteren kann der Rat auch auf Ministerebene oder der Ebene der Staats- und Regierungschefs zusammentreten. Ganz gleich in welcher Konstellation der Nordatlantikrat seine Entscheidungen trifft, er bleibt immer höchste politische Instanz der NATO. Der Generalsekretär der NATO führt den Vorsitz und kann bei Abwesenheit in dieser Funktion durch seinen Stellvertreter ersetzt werden. Eine Besonderheit der NATO ist, dass es kein formell institutionalisiertes Abstimmungsverfahren gibt. Entscheidungen, vorbereitet durch nachgeordnete Organe, werden so lange diskutiert, bis Konsensus hergestellt wurde oder aber die Einschätzung getroffen wird, dass ein Konsensus nicht herstellbar ist. Einstimmigkeit im Zusammenhang mit NATO Entscheidungen heißt also nicht, dass es eine Abstimmung im eigentlichen Sinne gab, sondern, dass durch Konsultationen und Aussprache Einigkeit hergestellt wurde.

Die wesentlichen Unterorgane des Nordatlantikrats sind der Verteidigungsplanungsausschuss und die Nukleare Planungsgruppe. Der Verteidigungsplanungsausschuss trifft in der Regel auf Botschafterebene zusammen, wird aber außerdem zweimal im Jahr auf Verteidigungsministerebene einberufen. Der Ausschuss bestimmt im Wesentlichen die Verteidigungspolitik und Verteidigungsplanung der Allianz und macht somit Vorgaben für die Militärstrukturen der NATO und die Streitkräfteplanung auf Ebene der NATO und der Mitgliedstaaten. In der Nuklearen Planungsgruppe treffen die Verteidigungsminister der NATO zusammen, um Fragen der Nuklearstrategie der NATO, der Sicherheit der nuklearen Fähigkeiten der Allianz, aber auch Abrüstungspolitik und die Nicht-Weiterverbreitung von Nuklearpotenzialen zu erörtern.

Die Verteidigungsplanung ist eine wesentliche Dimension der NATO. Da die NATO Staaten keine Souveränitätsrechte an die Organisation abgegeben haben, entscheiden sie jeweils für sich mit welchen militärischen Fähigkeiten und in welchem Umfang sie einen militärischen Beitrag in der NATO leisten wollen. Wenngleich dies ihre Prärogative bleibt, nehmen sie bei der Entscheidungsfindung doch Bezug auf die im Rahmen der NATO insgesamt abgesteckten Ambitionen. Die Abstimmung nationaler und bündnisweiter Ziele wird durch das Instrument der Verteidigungsplanung unterstützt. Hier wird zum einen dargelegt, welche nationalen Beiträge die NATO benötigt, um die Ziele, die sich gesteckt hat, erfüllen zu können. Diese Ziele lassen sich aus den sogenannten Ministeriellen Richtlinien ableiten, die Annahmen hinsichtlich der erwarteten Einsatzarten und Einsatzhäufigkeiten macht. Diese Rahmenvorstellungen werden vom Militärstab der NATO in konkrete Streitkräfteziele übersetzt, die NATO Mitglieder durch das Einmelden militärischer Fähigkeiten erfüllen sollen. Somit schlagen sich die NATO Richtlinien, wenn auch auf indirekte Weise, schlussendlich in Planungszielen für die Streitkräfte der Mitgliedstaaten nieder. Um die Harmonisierung von nationalen und multinationalen Plänen voranzutreiben, wird zum anderen im Zweijahresrhythmus durch einen Fragebogen untersucht, in wie weit die einzelnen Mitglieder der multinationalen Zielsetzung nachkommen. Hieraus lassen sich dann wieder Schlussfolgerungen dahingehend entwickeln, ob die NATO in der Lage ist, ihrer militärischen Zielsetzung nachzukommen.

Letzten Endes hat die NATO als Organisation aber keinen wirklich greifenden Sanktionsmechanismus gegenüber den Mitgliedern. Ein wesentlicher Schwachpunkt der Verteidigungsplanung der NATO besteht darin, dass kein direkter Zusammenhang zwischen der Streitkräfteplanung einerseits und der Kräftegenerierung für spezifische Einsätze andererseits besteht. Somit lassen sich die vorgegebenen Ziele nicht direkt in Beiträge zu Operationen übersetzen. Ferner ist es aufgrund fehlender Transparenz bzw. der Geheimhaltung der grundlegenden planerischen Dokumente schwierig einzuschätzen, ob ein NATO Mitglied eine bestimmte militärische Fähigkeit der NATO gemeldet hat, weil die Allianz die Bereitstellung eben dieser Fähigkeit eingefordert hat, oder ob es sich um Fähigkeiten handelt, die ein Staat aus rein nationalem Kalkül sowieso vorgehalten hat (Giegerich und Nicoll 2008: 24-29). Es stellt sich also die Frage, ob der Prozess der Verteidigungsplanung auf NATO Ebene tatsächlich nationale Zielsetzungen und Streitkräfteplanungen steuert oder auch nur beeinflusst.

Dem NATO Generalsekretär kommt als Vorsitzendem des Nordatlantikrats, des Verteidigungsplanungsausschusses und der Nuklearen Planungsgruppe eine zentrale Rolle zu. Zudem vertritt er die NATO nach außen, ist also gewissermaßen das Gesicht der NATO, und ist Chef des Internationalen Stabs. Er wird von den Mitgliedstaaten mit einem vierjährigen Mandat betraut. Ein geflügeltes Wort in der NATO besagt, dass der Generalsekretär weniger General und mehr Sekretär sei. Hierin drückt sich aus, dass er die Souveränität der Mitglieder respektieren muss und selbst keine politischen Entscheidungen in ihrem Namen treffen kann. Gleichzeitig muss der Generalsekretär aber auch versuchen, Konsensus unter den Mitgliedstaaten herzustellen, um die Entscheidungsfähigkeit der Allianz zu erhalten – das heißt, der Inhaber dieser Position muss gleichzeitig antreiben und ausgleichen. Dies erfordert eine Person von erheblicher Erfahrung und politischem Gewicht, die gegenüber den Ministern und Staats- und Regierungschefs der NATO Mitglieder als glaubwürdiger Partner auftreten kann und nicht unter die Räder der unterschiedlichen Positionen gerät. Somit erklärt sich auch, dass ein informelles Anforderungsprofil an diesen Posten von mindestens ministerieller Erfahrung der Kandidaten ausgeht.

Der seit 2009 amtierende Anders Fogh Rasmussen war zuvor Regierungschef in Dänemark und kann somit reklamieren, auf Augenhöhe mit den obersten Entscheidungsebenen der Mitgliedstaaten agiert zu haben. Von Beginn an versuchte Rasmussen, den ihm zur Verfügung stehenden Spielraum voll auszunutzen, was ihm manchmal hinter vorgehaltener Hand den Vorwurf einbrachte, er vergesse, dass er nun nicht mehr Regierungschef sei. Rasmussen gelang es aber trotz dieser Vorbehalte, seine Rolle offensiv zu gestalten. Sichtbarster Ausdruck hierfür war die Entstehung des neuen strategischen Konzepts der NATO von 2010, dessen Textentwurf Rasmussen den NATO Regierungen erst relativ kurz vor dem Gipfeltreffen in Lissabon im November zur Verfügung stellte. Allerdings gelang ihm der notwendige Interessenausgleich augenscheinlich sehr gut, da die nun üblicherweise ausufernden Abstimmungsrunden unter den NATO Mitgliedstaaten ausblieben, und Rasmussens Entwurf zur neuen NATO Strategie erkoren wurde.

Tabelle 1:   Die Generalsekretäre der NATO

Name	Land	Amtszeit
Lord Ismay	Großbritannien	1952 – 1957
Paul-Henri Spaak	Belgien	1957 – 1961
Dirk U. Stikker	Niederlande	1961 – 1964
Manilo Brosio	Italien	1964 – 1971
Joseph Luns	Niederlande	1971 – 1984
Lord Carrington	Großbritannien	1984 – 1988
Manfred Wörner	Deutschland	1988 – 1994
Willy Claes	Belgien	1994 – 1995
Javier Solana	Spanien	1995 – 1999
George Robertson	Großbritannien	1999 – 2003
Jaap de Hoop Scheffer	Niederlande	2004 – 2009
Anders Fogh Rasmussen	Dänemark	Seit 2009

Quelle: NATO,   http://www.nato.int/cps/en/natolive/who_is_who_7371.htm (02.06.11).

Der bereits erwähnte Internationale Stab der NATO umschreibt den Beratungs- und Verwaltungsapparat, der die übergeordneten Gremien bei der Entscheidungsvorbereitung und Entscheidungsumsetzung unterstützt. Sein Personal rekrutiert sich aus den NATO Mitgliedstaaten und besteht aus direkt angeworbenen und von den einzelnen Regierungen abgestellten Kräften. Seine Unterstützungsleistungen umfassen sowohl politische Beratung bei Entscheidungen und Initiativen der NATO, als auch die Bereiche Operationen und Krisenmanagement, militärische Fähigkeitsentwicklung, Kommunikation und Öffentlichkeitsarbeit, sowie finanzielle Verwaltung. Die entsprechenden Arbeiten finden in einer Vielzahl von Ausschüssen und Gremien statt, deren Koordination an sich selbst schon wieder einen erheblichen Arbeitsaufwand für den Internationalen Stab bedeutet.

2.2 Militärische Strukturen

Auf der militärischen Seite bildet der Militärausschuss das höchste Organ der NATO. Es besteht aus den ständigen militärischen Vertretern der Mitgliedstaaten, die den jeweiligen Generalstabschef (oder vergleichbaren Posten) repräsentieren. Die Hauptaufgabe des Militärausschusses liegt darin, die politische Führung der NATO in Fragen der Militärstrategie und -politik zu beraten. Der Ausschuss entwickelt somit NATO Doktrinen, Richtlinien für NATO Kommandeure und informiert die politische Führung über die militärische Lage im Krisenfall und empfiehlt militärische Handlungsoptionen. Der Militärausschuss wird vom Internationalen Militärstab der NATO unterstützt, der wiederum aus von den Mitgliedstaaten entsandtem militärischem Personal besteht, das für den Zeitraum seiner Abordnung der NATO insgesamt, und nicht in nationaler Funktion, dient. Der Stab bereitet die Arbeit des Ausschusses vor und setzt dessen Entscheidungen um. In der Praxis beinhaltet dies zum Beispiel die Entwicklung militärischer Planungsvorgaben und Einsatzpläne, die Pflege der militärischen Beziehungen zu Partnerstaaten oder die nachrichtendienstliche Bewertung der militärischen Lage.

Wie Varwick (2008: 57-58) ausführt, variiert der Integrationsgrad der einzelnen NATO Mitglieder recht deutlich. Neben der bereits erwähnten Streitkräfteplanung samt Einmeldung von nationalen militärischen Fähigkeiten an die NATO und den andauernden Konsultationsprozessen, sind hierbei die Mitwirkung einzelner NATO Staaten an multinationalen Verbänden, an integrierten Stäben und Hauptquartieren, sowie die Stationierung von Streitkräften in anderen Mitgliedstaaten zu berücksichtigen.

Es ist hierbei nochmals zu betonen, dass die NATO über keine eigenen Streitkräfte verfügt, sondern nur auf von ihren Mitgliedstaaten zur Verfügung gestellte Einheiten zurückgreifen kann. In einigen Ausnahmefällen gibt es allerdings von mehreren Staaten gemeinsam betriebene Fähigkeiten, wie zum Beispiel bei der militärischen Aufklärung (AWACS) und dem strategischen Lufttransport (*Strategic Airlift Capability* – SAC). Hierbei handelt es sich um teures Gerät von zentraler Bedeutung, das Mitglieder unter Nutzung von NATO Strukturen gemeinsam beschaffen und betreiben. In diesem Sinne sind diese Kapazitäten nicht mehr als nationale Fähigkeiten zu betrachten, sondern bilden den höchsten Grad an militärischer Integration. In allen anderen Fällen bleiben zu Friedenszeiten die Streitkräfte unter nationaler Kontrolle und werden erst im Krisen- oder Kriegsfall einem NATO Kommando unterstellt.

Sobald der Nordatlantikrat einen Einsatz beschließt, benennt der Oberbefehlshaber des *Allied Command Operations* in Belgien einen Befehlshaber. Dieser wird dann mit der Ausarbeitung eines Operationskonzepts und der Auflistung der benötigten militärischen Fähigkeiten beauftragt. Wenn diese wiederum vom Nordatlantikrat gebilligt sind, unterrichtet das NATO Oberkommando die Mitgliedstaaten, dass Beiträge benötigt werden und umschreibt den Zweck der Mission. In einem nächsten Schritt werden die als notwendig erachteten militärischen Beiträge direkt von Mitgliedstaaten abgefragt. Erst wenn die nötigen Fähigkeiten von den Mitgliedstaaten zugesagt werden, gibt das NATO Oberkommando einen Aktivierungsbefehl, der die nationalen Kräfte in den Verantwortungsbereich des Befehlshabers der NATO überführt.

Nach Ende des Kalten Krieges wurde 1991 die Streitkräftestruktur der NATO grundlegend überarbeitet (Deni 2007: 38). Der Militärausschuss billigte damals eine Dreiteilung in Krisenreaktionskräfte, die mobil und schnell verlegbar sein sollten, in Hauptverteidigungskräfte, deren wesentliche Aufgabe die klassische Bündnisverteidigung war, und in sogenannte Ergänzungskräfte, die im Krisenfall einen Aufwuchs der NATO Kräfte bewirken sollten. Als wesentliches Unterscheidungsmerkmal sind somit unterschiedliche Bereitschaftsstufen und Flexibilität im Hinblick auf mögliche Einsatzformen zu sehen.

Da allerdings schnell, nicht zuletzt durch die Krisen auf dem Balkan, klar wurde, dass die NATO sich weiter in Richtung Krisenmanagementeinsätze jenseits des Bündnisgebietes würde entwickeln müssen, was sich unter anderem in entsprechenden Anforderungen in Form der in den Ministeriellen Richtlinien geforderten Einsätze niederschlug, wurde bereits in der zweiten Hälfte der 1990er Jahre eine weitere Reform der NATO Streitkräftestruktur eingeleitet (Deni 2007: 45-53). Im Sommer 2002 wurden schließlich vom Militärausschuss erarbeitete Vorgaben durch den Nordatlantikrat gebilligt, welche die Struktur von 1991 änderten. Seither ist eine noch deutlichere Unterscheidung hinsichtlich der Einsatzbereitschaft und hinsichtlich der Einsatzart zu attestieren. Hiernach wird nun zwischen verlegbaren (*deployable*) und ortsfesten (*inplace*) Kräften unterschieden, wobei erstere für alle Arten von Einsätzen zur Verfügung stehen und letztere für die Bündnisverteidigung in und um ihr Stationierungsgebiet vorgesehen sind. Für beide Arten werden dann nochmals drei Grundarten militärischer Bereitschaft unterschieden. So gibt es Kräfte mit hohem Bereitschaftsgrad und schneller Verfügbarkeit (*High Readiness Forces - HRF*), niedrigerem Bereitschaftsgrad (*Forces at Lower Readiness - FLR*), die also eine längere Vorlaufzeit brauchen, bis sie in den Einsatz gebracht werden können, und schließlich langfristige Ergänzungskräfte (*Long Term Build-Up Forces – LTBF*).

Damit die NATO in der Lage ist, die ihr zugeordneten Kräfte im Einsatzfall auch führen zu können, besitzt sie eine militärische Kommandostruktur. Auch hier findet sich eine Dreiteilung in strategische Hauptquartiere, operative Hauptquartiere, und Hauptquartiere auf Ebene der Teilstreitkräfte (Heer, Luftwaffe, Marine). Auch die militärische Kommandostruktur war im Nordatlantikvertrag nicht explizit vorgesehen und wurde unter Eindruck des Korea Krieges 1951 ins Leben gerufen. Im Verlauf des Kalten Krieges wurde sie mehrfach angepasst, so unter anderem nachdem sich Frankreich 1966 aus der integrierten Militärstruktur der NATO zurückzog.

Mitte der 1990er Jahre begann die NATO, ernsthaft über eine Anpassung der Kommandostrukturen an die neuen internationalen Begebenheiten nachzudenken. Das Resultat war eine 1999 umgesetzte Reduzierung der NATO Hauptquartiere von 78 auf 20. Bereits kurze Zeit später bekundete die amerikanische Regierung ein nachlassendes Interesse an NATO Hauptquartieren in den USA, worauf die europäischen Verbündeten eine Lockerung der transatlantischen Bindungen befürchteten und schon 2002 eine erneute Reformrunde einläuteten. Hinzu kamen die Einsicht, sich weiter auf neuartige Bedrohungen einstellen zu müssen, und die, zumindest bei den europäischen NATO Mitgliedern, merklich sinkenden Verteidigungsausgaben, die nach schlankeren Strukturen verlangten (Pedlow ohne Datum: 12-14; Weinrod und Barry 2010: 10).

Die daraus resultierende Kommandostruktur besteht seit 2004. Ihr wesentliches Reformmerkmal ist, dass die bis dahin vorherrschende geographische Einteilung in die Verantwortungsbereiche Europa und Atlantik einer funktionalen Einteilung gewichen ist (Varwick 2008: 60). Die NATO verfügt nun über zwei strategische Hauptquartiere, nämlich *Allied Command Operations* (ACO) in Belgien und *Allied Command Transformation* (ACT) in den USA. ACO unterstehen drei streitkräftegemeinsame (also Heer, Luftwaffe und Marine verbindende) operative Hauptquartiere in Brunssum (Niederlande), Neapel (Italien) und Lissabon (Portugal). Hieran schließen sich wiederum sechs Hauptquartiere auf Ebene der Teilstreitkräfte an. Von diesen befinden sich zwei in Deutschland (Heidelberg und Ramstein), jeweils eins in Großbritannien (Northwood), Spanien (Madrid), der Türkei (Izmir), und Italien (Neapel). ACT unterstehen keine nachgeordneten Hauptquartiere, so dass die militärische Kommandostruktur seit 2004 über die drei Ebenen hinweg aus insgesamt 11 Hauptquartieren besteht. Insgesamt arbeiten in diesen Strukturen ungefähr 15.000 Personen (ACO und nachgeordnete Hauptquartiere insgesamt ca. 13.750; ACT ca. 1.250).

Die militärische Kommandostruktur muss in der Lage sein, alle militärischen Aufgaben der NATO umzusetzen. Dies bedeutet, dass aufgrund des sich fortlaufend entwickelnden Aufgabenspektrums der Allianz auch diese Strukturen immer wieder angepasst werden müssen. Auch die verfügbaren Ressourcen der Mitgliedstaaten

Abbildung 1:   Die Kommandostruktur der NATO – Allied
                  Command Operations

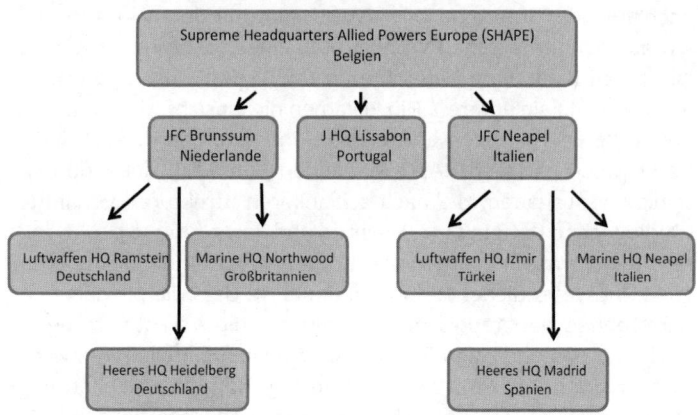

Quelle: eigene Darstellung nach NATO, http://www.nato.int/cps/en/natolive/
topics_52091.htm (02.06.11)

sind hierfür eine wesentliche Stellschraube. Somit erklärt sich auch,
dass zum Zeitpunkt der oben beschriebenen neuen Struktur schon
wieder eine neue Überprüfung anberaumt wurde, mit dem Ziel
eine weitere Reduzierung des Personals in den Hauptquartieren zu
erreichen, aber gleichzeitig die geographische Verteilung der
Hauptquartiere nicht zu ändern. Während eine weitere Zentralisie-
rung der Kommandostruktur zwar Effizienzgewinne bringen würde, ist das Fortbestehen einiger Strukturen auf eigenem Gebiet für
viele Verbündete aber eine Prestigefrage und somit politisch aufge-
laden (Weinrod und Barry 2010: 13-14; Pedlow ohne Datum: 15). Den
entsprechenden Vorschlägen des Militärausschusses stimmte der
Nordatlantikrat 2009 zu. Allerdings haperte es bisher an der Umsetzung, so dass Generalsekretär Rasmussen versuchte, diese
Thematik im Zuge der Debatte um das strategische Konzept 2010
erneut aufzugreifen. Als Zielgrößen wurden in diesem Zusammenhang eine Reduzierung von elf auf sieben Hauptquartiere mit ma-
ximal 9.000 Dienstposten genannt (IISS 2011: 76).

3 Die strategischen Konzepte der NATO

Strategische Grundlagendokumente sollten mehrere Funktionen erfüllen. Erstens müssen sie die Aufgaben, die eine Organisation erfüllen will, und die zur Verfügung stehenden Instrumente benennen. Dies schließt im Falle einer Sicherheitsorganisation eine Analyse der Bedrohungen, denen begegnet werden soll, mit ein. Zweitens ist eine Strategie auch immer ein Mittel der Konsensbildung unter den beteiligten Akteuren und kodifiziert somit den jeweiligen Entwicklungsstand einer Organisation. Drittens, sind sie Kommunikationsmittel, die Prioritäten einer Organisation legitimieren sollen.

In der NATO werden diese Funktionen durch das sogenannte strategische Konzept wahrgenommen. Das strategische Konzept wird einstimmig von den NATO Mitgliedern verabschiedet. Das erste strategische Konzept der NATO wurde 1949/50 ausgearbeitet und seither mehrfach neu aufgelegt, zuletzt 2010. Während das strategische Konzept die politische und militärische Entwicklung des Bündnisses strukturiert, erfolgt die detaillierte Ausplanung, zum Beispiel in Bezug auf die Streitkräfte der NATO Mitglieder, in untergeordneten Dokumenten, die nicht öffentlich zugänglich sind. Auch die strategischen Konzepte der NATO während des Kalten Krieges unterlagen der Geheimhaltung, sind aber mittlerweile in den Archiven einzusehen. Das erste strategische Konzept, das von Beginn an öffentlich war, wurde 1991 von der NATO verabschiedet. Dass Strategien verstärkt als Kommunikationsmittel sowohl nach innen, also zum Beispiel mit Blick auf die Bevölkerung in den NATO Staaten, als auch nach außen, nicht zuletzt gerichtet an die Partner der NATO, eine Rolle spielen, zeigt sich vor allem in dem vergleichsweise transparenten und inklusiven Prozess der Strategieentwicklung im Vorfeld des Konzepts von 2010.

Tabelle 2: Strategiedokumente der NATO

Jahr	Name
1949	Strategisches Konzept für die Verteidigung des Nordatlantik Gebiets (DC 6/1)
1952	Strategisches Konzept für die Verteidigung des Nordatlantik Gebiets (MC 3/5)
1957	Strategisches Konzept für die Verteidigung des NATO Gebiets (MC 14/2), auch bekannt als Strategie der „Massiven Vergeltung"
1968	Strategisches Konzept für die Verteidigung des NATO Gebiets (MC 14/3), auch bekannt als Strategie der „Flexiblen Antwort"
1991	Strategisches Konzept der Allianz (die erste öffentlich zugängliche Strategie der NATO)
1999	Strategisches Konzept der Allianz (gebilligt auf dem Gipfeltreffen anlässlich des 50. Geburtstags der NATO)
2010	Aktives Engagement; Moderne Verteidigung: Strategisches Konzept für die Verteidigung und Sicherheit der Mitglieder der Nordatlantikvertragsorganisation

Quelle: NATO, http://www.nato.int/cps/en/natolive/topics_56626.htm (02.06.11)

3.1 Von der Massiven Vergeltung zur Flexiblen Reaktion

Am 6. Januar 1950 segnete der Nordatlantikrat das erste strategische Konzept der NATO ab. Es betonte den Gedanken der Abschreckung und sah den Einsatz militärischer Gewalt seitens der NATO nur für den Fall vor, dass die Abschreckung versagt, also eine Aggression vorliegt. Des Weiteren wurden die Alliierten zur Kooperation angehalten, um eine effiziente Nutzung der vorhandenen Ressourcen zu erreichen. Die Beiträge der Mitglieder sollten sich nach ihrer Leistungsfähigkeit richten. Aufgrund der konventionellen Unterlegenheit gegenüber der Sowjetunion wurde die Bedeutung der amerikanischen Atomwaffen für die NATO betont. Zwar verfügte die Sowjetunion seit 1949 über die Atomwaffe, seit 1952 auch über die Wasserstoffbombe, aber ihr Arsenal und die verfügbaren Trägermittel waren noch stark begrenzt. Außerdem stellten sich die konventionellen Ziele der NATO Streitkräfteplanung als eher theoretische Größen heraus, da der finanzielle und personelle

Aufwand durch die Mitgliedstaaten nicht geleistet werden konnte. Somit erhielt die nukleare Abschreckung als vergleichsweise kosteneffiziente Lösung zusätzliche Bedeutung (Weisser 1992: 36-38). Das zweite strategische Konzept vom 3. Dezember 1952 kodifizierte die Entscheidung zu integrierten militärischen Strukturen und den Beitritt Griechenlands und der Türkei, brachte aber keine grundlegenden konzeptionellen Neuerungen.

Die relative konventionelle Schwäche der NATO führte ab 1953 zu einer noch weiter ausgeprägten Hinwendung zu Atomwaffen in der nationalen Strategie der Vereinigten Staaten. Diese Bewegung wurde in der NATO mit der Strategie der Massiven Vergeltung (NATO 1957) am 23. Mai 1957 nachvollzogen. Die Ausgangsüberlegung dieses neuen strategischen Konzepts beruht auf der Abschreckungswirkung des weitgehend als unverwundbar angesehenen Atomwaffenpotentials der NATO, sprich der USA. Für den Fall, dass die Abschreckung trotzdem scheitern sollten, sah die NATO Strategie nicht mehr nur die Verteidigung des Territoriums, sondern die Einleitung einer nuklearen Offensive vor. Die damalige Logik besagte, dass die NATO im Kriegsfall ein Überrennen Europas durch sowjetische Kräfte nur durch den schnellen Einsatz von taktischen und strategischen Atomwaffen verhindern könne. Im strategischen Konzept hieß es, „in keinem Fall gibt es ein NATO Konzept des begrenzten Krieges mit den Sowjets" (NATO 1957: 11). Der Sowjetunion sollte also klar sein, dass Bündnisverteidigung für die NATO im Falle eines Angriffs mit einer massiven nuklearen Antwort gleichzusetzen ist. Das Konzept signalisierte auch, dass sicherheitspolitische Entwicklungen jenseits des Bündnisgebiets eine Rolle spielten, in dem es auf eine „Sowjet-inspirierte kommunistische Bedrohung an der Weltfront" (NATO 1957: 12) verwies und suggerierte, dass einige NATO Staaten gezwungen sein könnten dieser zu begegnen. Die klare Vordenkerfunktion der Amerikaner bei der Strategieentwicklung bedeutete eine geringe europäische Mitbestimmung, die aber als unproblematisch galt, da unter den NATO Mitgliedern eine hohe Übereinstimmung in der Bedrohungsanalyse vorlag (Pfeiler 2002: 85).

Ein wichtiger Kritikpunkt, der gegen die Strategie der Massiven Vergeltung in Stellung gebracht wurde, war, dass ihr Ziel schon

verfehlt sei wenn die Abschreckung scheitert. Ein nuklearer Gegenschlag wäre somit kaum zu erklären. Ihre Glaubwürdigkeit verlor
die Strategie aber vor allem durch den Verlust des amerikanischen
Nuklearmonopols. Würde ein amerikanischer Präsident wirklich
einen sowjetischen Nuklearschlag auf die USA akzeptieren, um die
europäischen Verbündeten zu verteidigen? Hinzu kam, dass die
1958 einsetzende Berlin Krise das Problem aufwarf, dass die NATO
Strategie kaum Möglichkeiten bot, mit Provokationen umzugehen,
die unterhalb der Angriffsschwelle blieben. Die Kuba Krise 1962
führte außerdem den Akteuren vor Augen, dass die Gefahr zu bei-
derseitigen Fehleinschätzungen mit potenziell nuklearen Folgen
bestand.

Vor diesem Hintergrund waren es erneut die Amerikaner, die
ein strategisches Umdenken in der NATO einleiteten. Sie änderten
ihre nationale Strategie bereits 1962 in die flexible Reaktion, die am
16. Januar 1968 auch für die NATO (NATO 1968) übernommen wird.
Die neue Strategie legte die NATO nicht mehr auf einen Atomkrieg
fest und eröffnete somit erheblich mehr politischen und militärischen Spielraum. Der Begriff der flexiblen Reaktion bedeutete,
dass der Gegner nicht mehr vorhersagen kann, wie die NATO auf
einen Angriff reagieren würde und sollte somit das Risiko eines
Angriffs unkalkulierbar machen (NATO 1968: 10). Die Strategie sah
drei Arten der militärischen Antwort auf eine externe Aggression
vor (NATO 1968: 10-11): Erstens die Direktverteidigung, die eine wie
auch immer geartete Aggression auf dem ihr entsprechenden Level
beantworten würde, also gleiches mit gleichem vergelten würde.
Auch diese Antwort kann also den Einsatz von Nuklearwaffen be-
inhalten. Zweitens die bedachte Eskalation (*deliberate escalation*),
die eine im Vergleich zum Angriff disproportionale, kontrollierte
Eskalation vorsah und somit auch den Einsatz von Nuklearwaffen
wahrscheinlicher machte. Drittens war die allgemeine nukleare
Reaktion vorgesehen. Das in der Strategie angelegte Eskalations-
potenzial stützte sich also sowohl auf konventionelle als auch nukleare Kräfte sowie eine Kombination dieser Mittel. Das Risiko des
Angreifers einen nicht akzeptierbaren Gegenschlag zu provozieren
sollten „seinen Entscheidungsprozeß zwischen Frieden und Krieg
zum Frieden bestimmen" (Weisser 1992: 44). Somit konnte das

Prinzip der nuklearen Abschreckung als friedensunterstützendes Element gedeutet werden, was aufgrund der moralischen Dimension dieser strategischen Fragen Bedeutung erlangte.

Im Rahmen dieser strategischen Neuausrichtung riefen die amerikanischen Vorgaben durchaus Bedenken auf Seiten der europäischen NATO Mitglieder hervor. Die Flexibilisierung und der mit ihr verbundene Spielraum, von den Amerikanern eindeutig als ein Mehrwert gedeutet, stellten sich für die Partner der USA als zweischneidiges Schwert dar. Zum einen folgten aus der Strategie logischerweise höhere Ausgaben und Anstrengungen im Bereich der konventionellen Kräfte der NATO. Wichtiger aber war die Befürchtung, dass die neue Strategie eine Entkopplung von konventioneller Verteidigung und nuklearer Abschreckung, und somit schlussendlich von europäischer und amerikanischer Sicherheit, bedeuten könnte. Es schien, als mache die Strategie geographisch auf Europa regionalisierte Kriegsführung möglich (Pfeiler 2002: 87; Weisser 1992: 42-43). Trotz dieser Bedenken war mit der flexiblen Reaktion die Strategie für den Rest des Kalten Krieges gefunden. Erst die völlig veränderten internationalen Rahmenbedingungen nach Ende des Ost-West Konflikt führten zu ihrer Ablösung.

3.2 Strategie nach Ende des Kalten Krieges: Die strategischen Konzepte von Rom und Washington

Um dem Wandel auf internationaler Ebene Rechnung zu tragen, beschloss die NATO auf dem Gipfel vom 7. und 8. November 1991 in Rom ein neues strategisches Konzept (NATO 1991). Das Ende der Blockkonfrontation wurde als wesentliche Verbesserung des sicherheitspolitischen Umfelds aus NATO Sicht interpretiert: „die monolithische, massive und potenziell unmittelbare Bedrohung, die das hauptsächliche Anliegen der Allianz während ihrer ersten vierzig Jahre war, ist verschwunden" (NATO 1991: Par. 5, Übersetzung des Verf.). Somit steht seither die Abwehr eines direkten, auf breiter Basis erfolgenden, Angriffs auf das NATO Bündnisgebiet in Europa nicht mehr im Zentrum der NATO Strategie. Als primäre sicherheitspolitische Risiken benannte das Konzept potenzielle

Instabilität in Mittel- und Osteuropa, die Gefahr, dass der Wandel der Sowjetunion umkehrbar sei, sowie Proliferationsdynamiken mit einem besonderen Augenmerk auf den Mittelmeerraum (NATO 1991: Par. 9-11). Es ergibt sich daraus, dass die Regierungen der NATO Mitglieder ihre Sicherheit hauptsächlich an der Peripherie des Bündnisses bedroht sahen. Die Alliierten wiesen ferner darauf hin, dass auch globale sicherheitspolitische Entwicklungen wie die Weiterverbreitung von Massenvernichtungswaffen, mögliche Unterbrechungen der Versorgung mit wichtigen Ressourcen und der Terrorismus für ihre Sicherheit von Bedeutung seien. Im strategischen Konzept von Rom ist also die Machtprojektion über Europa hinaus bereits angelegt und die Ausrichtung auf die Verteidigung vor einer Kernbedrohung ist der Sorge um diffuse Sicherheitsrisiken gewichen.

Die verbesserte Sicherheitslage bestärkte das Argument, die Ziele der NATO seien nun vor allem mit politischen Mitteln zu erreichen. Als Kernelemente der Sicherheitspolitik der Mitglieder wurden daher neben der Fähigkeit zur kollektiven Verteidigung die Punkte Dialog und Kooperation benannt. Erfolgreiche Politik müsse nun auf präventive Diplomatie und Krisenmanagement bauen (NATO 1991: Par. 24 und 31). Folgerichtig deutete die neue Strategie eine geringere Rolle für Nuklearwaffen und das Prinzip der Vorneverteidigung an und der defensive Charakter des Bündnisses wurde erneut betont. Mit der nun stärker in den Vordergrund tretenden politischen Dimension der NATO sollte auch ein Weg zur Zusammenarbeit mit dem vorherigen Gegner beschritten werden.

Bei aller Anerkennung des Wandels im internationalen Umfeld, der in der neuen Strategie zu erkennen ist, wird doch deutlich, dass die NATO zu diesem Zeitpunkt noch nach Orientierungspunkten suchte. Es handelt sich bei dem strategischen Konzept von Rom um ein Dokument „für den Übergang" (Weisser 1992: 88). In Anbetracht der Umwälzungen, die einen Großteil der sicherheitspolitischen Konstanten der vergangenen Jahrzehnte, gerade in Bezug auf Europa, geradezu über den Haufen geworfen hatten, scheint es verständlich, dass Entscheidungsträger hierauf nur mit graduellem, allmählichem Wandel zu reagieren wussten (Wallace 2001).

Schon 1997 beauftragten die Staats- und Regierungschefs der NATO eine erneute Revision, die das auf dem Jubiläumsgipfel der NATO zum 50-jährigen Bestehen der Allianz in Washington, D.C., vom 24. bis 25. April 1999 verabschiedete strategische Konzept hervorbrachte. Es beinhaltete eine konsequentere Hinwendung zu neuen Aufgaben wie dem militärischen Krisenmanagement, stärkte die europäische Dimension der NATO und bekannte sich zu deren Erweiterung sowie zu einer intensiven Zusammenarbeit mit Partnerstaaten. Vor dem Hintergrund des Kosovo Krieges wurde die Frage, ob NATO Interventionen zwangsläufig eines VN-Mandats bedürfen, zu einem zentralen Streitthema, aber auch die Rolle der Nuklearwaffen entpuppte sich als diffizil.

Das strategische Konzept von 1999 verweist darauf, dass die Allianz einen Beitrag zu Sicherheit und Frieden im Euro-Atlantischen Raum jenseits der kollektiven Verteidigung leisten will. In diesem Zusammenhang wird der Einsatz der Streitkräfte der Mitgliedstaaten ausdrücklich erwähnt und darauf hingewiesen, dass dieser auch in Unterstützung von anderen Organisationen, also in Fällen, in denen die NATO als Mandatnehmer auftritt, erfolgen kann (NATO 1999: Par. 6 und 48). Die auf den ersten Blick unverfängliche Formulierung ‚Euro-Atlantischer Raum' verdeckte hierbei diametral entgegen gesetzte Interpretation. Viele europäische Alliierte sahen hierin eine Beschränkung auf die unmittelbare Peripherie der NATO während andere, inklusive einige amerikanische Entscheidungsträger, hierin die generelle Bestätigung für militärische Einsätze jenseits des Bündnisgebiets sehen wollten.

Die Bedrohungsanalyse schloss an jene von 1991 an und argumentierte, dass eine konventionelle militärische Bedrohung der NATO unwahrscheinlich sei. Instabilität und regionale Krisen böten aber Anlass zur Sorge. Die Politik von Nuklearmächten außerhalb der NATO und die Weiterverbreitung von Massenvernichtungswaffen wird angeführt, ebenso wie die Tatsache, dass eine Vielzahl von Akteuren nun Zugang zu komplexen Technologien habe. Hieran schließen sich Terrorismus, organisierte Kriminalität, Fragen des Ressourcenzugangs und Migrationsbewegungen als Sicherheitsrisiken an. Die NATO hat sich also mit dem Konzept von 1999 weiter in Richtung auf einen erweiterten Sicherheitsbegriff zu bewegt.

3.3 Rückbesinnung oder weitere Neuausrichtung? Das strategische Konzept von 2010

Im April 2009 wurde der NATO Generalsekretär von den Staats- und Regierungschefs der NATO Staaten beauftragt, bis zum Gipfeltreffen der Allianz im November 2010 ein neues strategisches Konzept auszuarbeiten. Sowohl die NATO als auch das sicherheitspolitische Umfeld hatte sich seit 1999 weiterentwickelt, was eine Neufassung notwendig machte. Die Umsetzung der NATO Osterweiterung hatte viele neue Mitglieder an den Tisch gebracht, die an der Ausarbeitung des letzten Konzept 1999 noch nicht beteiligt waren. Zudem hatte das verstärkte Aufkommen neuer Risiken, symbolisiert durch die Terroranschläge vom 11. September 2001 und den darauffolgenden Afghanistaneinsatz, Klärungsbedarf hinsichtlich der Aufgaben, Instrumente und Bedrohungsanalyse der NATO aufgeworfen.

Der 2009 eingeleitete Strategiefindungsprozess unterschied sich sehr von der bisherigen Vorgehensweise, da er über weite Strecken unter Einbeziehung einer Vielzahl von Akteuren von statten ging und sich somit von der bisherigen Praxis wenig transparenter Verhandlungen der Regierungsdelegationen abhob. Es sollte sichergestellt werden, dass die Neuausrichtung der NATO auf der Grundlage vieler Blickwinkel und Ideen geschieht. In der ersten Phase, der sogenannten Reflektionsphase, wurde eine 12-köpfige Expertengruppe unter dem Vorsitz der ehemaligen amerikanischen Außenministerin Madeleine Albright einberufen. Diese Gruppe nahm ihre Arbeit am 4 September 2009 auf und lieferte im Dezember einen Zwischenbericht an die NATO Außenminister ab. Aufgabe der Expertengruppe war es, Themen zu beraten und zu diskutieren und somit den Generalsekretär vorbereitend zu unterstützen. Die Gruppe hatte keine Entscheidungsbefugnis im Hinblick auf das strategische Konzept und sollte auch keinen Entwurf schreiben.

Während der Reflektionsphase, die bis zum Februar 2010 andauerte, organisierte die NATO eine Reihe von Seminaren, in denen Entscheidungsträger und Experten für die NATO wichtige Themen ventilierten. So wurden die Kernaufgaben der NATO, neue Sicherheitsherausforderungen und Konzepte der umfassenden Sicherheitsvorsorge, das Verhältnis zu Partnerstaaten, aber auch Fragen der militärischen Fähigkeitsentwicklung besprochen. Diese Seminare dienten als Räume der (fach-)öffentlichen Diskussion und befütterten die Arbeit der Gruppe unter Albright.

Im Anschluss daran wurde der Prozess in eine Konsultationsphase überführt, die wiederum bis in die Sommermonate 2010 andauerte. Die Albright Expertengruppe bereiste Hauptstädte der NATO Mitglieder und von ausgewählten Partnerstaaten, um ihre Ergebnisse zu diskutieren. Im Mai 2010 präsentierte sie dann dem Generalsekretär Anders Fogh Rasmussen ihren Abschlussbericht (Group of Experts 2010). Erst dann begann Rasmussen mit der Arbeit am Konzeptentwurf, den er den Mitgliedstaaten Ende September 2010 zum ersten Mal vorlegte. Nachdem dann in Verhandlungen mit den NATO Regierungen die letzten Änderungen vereinbart wurden, legte Rasmussen ein Papier auf dem Gipfel in Lissabon vor, das von den Mitgliedstaaten als neues strategisches Konzept gebilligt wurde.

Der aufwendige Prozess der Strategiefindung brachte ein hohes Maß an Transparenz, war aber auch nötig, um den Konsens in vielen wichtige Fragen unter den NATO Mitgliedstaaten herzustellen. Das neue strategische Konzept, beschlossen am 19. und 20. November 2010, trägt den Titel „Active Engagement, Modern Defence" (NATO 2010a) und deutet somit schon im Titel das Spannungsverhältnis der unterschiedlichen Aufgaben der NATO an.

Das Dokument führt drei Kernaufgaben der NATO an (NATO 2010a: 2). Die erste ist die der kollektiven Verteidigung nach Artikel 5. Es wird ausgeführt, dass sich die NATO neben der klassischen Aggression auch gegen aufkommende Bedrohungen verteidigen will, wenn diese „die fundamentale Sicherheit einzelner Alliierter oder der Allianz als Ganze bedrohen" (Übersetzung des Verf.). Mit dieser Formulierung werden Bedrohungen wie der internationale Terrorismus, die Verbreitung von Massenvernichtungswaffen und ihrer Trägermittel und auch Cyber Sicherheit in die Nähe der kollektiven Beistandsverpflichtung gerückt, ohne sie pauschal zu Verteidigungsfällen zu machen. Im Vorfeld hatten mehrere Verbündete darauf hingewiesen, dass eine stärkere Verbindung der neuen Bedrohungen mit Artikel 5 den Begriff der kollektiven Verteidigung überdehnen würde, unter anderem, da nicht klar sei, wie die NATO mit ihren militärischen Mitteln zum Beispiel auf einen Cyber Angriff reagieren soll, wenn denn überhaupt der Urheber der Attacke ausfindig gemacht werden kann.

Als zweite Kernaufgabe beschreibt das Konzept den Beitrag zum politischen und militärischen Krisenmanagement über die verschiedenen Phasen des Konfliktzyklus hinaus. Die NATO will also weiterhin ihre Fähigkeiten präventiv, als auch friedenserhaltend und friedensschaffend einsetzen, wenn sie ihre Sicherheit durch Krisen und Konflikte bedroht sieht. Viele NATO Mitgliedstaaten versuchen seit den 1990er Jahren, ihre Fähigkeiten für Auslandseinsätze zu verbessern, da der Bedarf zum Krisenmanagement, zuerst im Balkan und dann auch in anderen Regionen, nicht nachzulassen scheint. Im Vergleich dazu erscheint ein konventioneller Angriff auf das Bündnis eher unwahrscheinlich und der Druck, die zur Abwehr notwendigen militärischen Fähigkeiten vorzuhalten, wurde mit dem Zerfall der Sowjetunion entsprechend geringer. Da aber der Erfolg in vielen Einsätzen, auch in Afghanistan, bisher nur schwer zu greifen ist und außerdem einige NATO Staaten nach wie vor eine Bedrohungswahrnehmung haben, die den kollektiven Verteidigungsfall als wesentliches Rational ihrer NATO Mitgliedschaft begründet, gab es im Vorfeld der neuen Strategie eine Auseinandersetzung darüber, ob die NATO ihr globales Engagement im Krisenmanagement zugunsten einer Rückbesinnung auf die Verteidigung des alliierten Territoriums reduzieren sollte.

Wie auch die Bedrohungsanalyse im strategischen Konzept von 2010 zeigt, blieb der globale Handlungsanspruch bestehen (NATO 2010a: Par. 7-15). Zwar befinde sich der Euro-Atlantische Raum im Friedenszustand, eine konventionelle Bedrohung sei aber nicht auszuschließen. Hinzu kommen eine Reihe von Bedrohungen wie die Proliferation von Massenvernichtungswaffen, die zunehmende Zahl von ballistischen Raketenprogrammen verschiedener Länder, Terrorismus und Cyber Angriffe, die auch die wirtschaftliche und gesellschaftliche Infrastruktur bedrohen. Auch die Sicherheit von Energieversorgungswegen ist ein Problem, dem sich die NATO widmen will. Weiteren Einfluss haben Gesundheitsrisiken, Klimawandel und Ressourcenknappheit, da diese übergeordneten

Trends sicherheitspolitische Implikationen und Effekte haben können. Wenngleich der Vergleich mit nationalen Sicherheitsstrategien zeigt, dass eine Priorisierung der Bedrohungen angesichts der Vielzahl von Faktoren schwierig ist, so bedeutet diese Liste doch, dass die NATO auch vor dem Hintergrund anhaltenden Wandels im sicherheitspolitischen Umfeld weiterhin einen Beitrag zu globaler Sicherheit und Stabilität leisten will.

Die dritte im strategischen Konzept benannte Kernfunktion der kooperativen Sicherheit baut auf früheren Anmerkungen zu Partnerschaften mit Drittstaaten und anderen internationalen Organisationen sowie zur Rüstungskontrolle und Abrüstung auf.

Überraschenderweise äußert sich das neue Konzept fast gar nicht zu der Problematik, dass die Einsätze zum Krisenmanagement der vergangenen Dekade in diesem Bereich die Grenzen des Machbaren aufgezeigt haben. Es wird allerdings betont, dass die Einsätze auf dem Balkan und in Afghanistan die Notwendigkeit eines umfassenden Ansatzes zur Sicherheitsvorsorge unterstrichen haben (NATO 2010: 6). Dieser Ansatz, im NATO Jargon seit 2008 als *comprehensive approach* bezeichnet, basiert auf dem Zusammenwirken von zivilen und militärischen Instrumenten, gestaltet sich aber schwierig in der Umsetzung. Laut ihrer neuen Strategie will die NATO hierauf mit verstärkten Anstrengungen in den Bereichen nachrichtendienstliche Zusammenarbeit, Doktrinen und Ausbildungskapazitäten für lokale Sicherheitskräfte in Krisengebieten reagieren. Von verschiedener Seite wurde gefordert, dass die NATO auch über eigene zivile Krisenmanagementkapazitäten nachdenken müsse. Das strategische Konzept machte einen Schritt in diese Richtung, indem es ankündigte, dass die NATO eine „angemessene aber bescheidene" (NATO 2010: 7) Kapazität einrichten werde, die vor allem eine bessere Koordination und Planung in Abstimmung mit zivilen Einsatzkräften ermöglichen soll.

Ein weiteres großes Problemfeld während der Vorbereitung der Strategie war das Verhältnis der NATO zu Russland. Während nach den kriegerischen Auseinandersetzungen zwischen Russland und Georgien im August 2008 einige NATO Mitglieder nach Wegen suchten, die ramponierten Beziehungen zu Moskau wiederzubeleben, sahen sich andere durch das aggressive Auftreten Russlands bedroht (Antonenko und Giegerich 2009). Das strategische Konzept stellt klar, dass die NATO bereit ist, den ersten Schritt zu gehen: „Die NATO stellt keine Bedrohung für Russland dar. Im Gegenteil: wir wollen eine echte strategische Partnerschaft zwischen der NATO und Russland sehen und werden uns entsprechend verhalten" (NATO 2010: 10, Übersetzung des Verf.). Als mögliche konkrete Kooperationsbereiche wurden die Raketenabwehr, Terrorismusbekämpfung sowie der Kampf gegen den internationalen Drogenhandel und die Piraterie genannt. Allerdings sitzt das Misstrauen auf beiden Seiten tief. Daher wurde der Schwerpunkt zunächst auf die Umsetzung kleiner, konkreter Schritte gelegt, um so Vertrauen wieder aufzubauen. Es sollte zum Beispiel im Bereich der Raketenabwehr zunächst mit einer gemeinsamen Bedrohungsanalyse begonnen werden, bevor weitere Initiativen ergriffen werden. Die russische Regierung signalisierte, dass sie als gleichwertiger Partner akzeptiert werden will, wohingegen besonders die Alliierten in Mittel- und Osteuropa andeuteten, dass diesem Bestreben Grenzen gesetzt sind. Anfang 2011 mehrten sich allerdings die Anzeichen, dass die russische Regierung ihre ursprüngliche Position, die ein integriertes Raketenabwehrsystem mit der NATO vorsah, änderte und sich somit auf die NATO zubewegte (Gutschker 2011).

Das Thema der Raketenabwehr wurde nicht nur im Zusammenhang mit Russland kontrovers diskutiert. Deutschland zögerte, Plänen für einen NATO-Raketenschutzschirm, der das gesamte Bündnisgebiet abdecken soll, zuzustimmen und versuchte, dieses Thema mit der Forderung nach einer Herunterstufung der Bedeutung von Nuklearwaffen in der NATO Strategie zu verbinden. Diese Verknüpfung wurde aber insbesondere von den Nuklearmächten Frankreich und USA abgelehnt. Die amerikanische Entscheidung, ihrer bisherigen Strategie von bilateralen Kooperationsabkommen mit einzelnen NATO Partnern im Bereich Raketenabwehr zu entsagen und stattdessen der NATO ihr nationales Raketenabwehrprogramm als Rückgrat zur Verfügung zu stellen, ermöglichte schließlich die deutsche Zustimmung. Allerdings setzten sich die Atomwaffenstaaten in anderer Hinsicht durch. Die NATO Strategie stellt unmissverständlich klar: „So lange Nuklearwaffen existieren, wird die NATO eine Nuklearallianz bleiben" (NATO 2010: 4).

Wie auch in vorangegangenen Phasen der Strategieentwicklung ist das strategische Konzept von vielen Kompromissen gezeichnet. Gerade in einer erweiterten NATO, die sich zudem in schwierigen Auslandseinsätzen befindet und in einem von Unwägbarkeiten und kontinuierlichem Wandel geprägten internationalem Sicherheitsumfeld agieren muss, ist dies unvermeidbar. Rasmussen wurde unter anderem von Bundeskanzlerin Angela Merkel für seine Führung bei der Ausarbeitung des neuen strategischen Konzepts gelobt. Er hat es, von seiner Erfahrung als ehemaliger dänischer Regierungschef profitierend, verstanden, die deutlichen Meinungsverschiedenheiten zwischen den NATO Mitgliedern einzuhegen. Trotzdem wird sich auch die Tragfähigkeit des Konzepts von 2010 schlussendlich erst in seiner Umsetzung zeigen. Es steht zu erwarten, dass die Spannungen zwischen den Kernaufgaben der NATO, den budgetären Realitäten in den NATO Staaten den weitreichenden Ambitionen des strategischen Konzepts, und den Herausforderungen der Einsatzrealität bestehen bleiben. Somit wird auch die neue NATO Strategie ein Haltbarkeitsdatum haben.

4 Die Erweiterung der Allianz

Die Aufnahme neuer Mitglieder in die NATO war niemals ein Selbstzweck. Sowohl im Falle der vier Staaten – Bundesrepublik Deutschland (1955), Griechenland (1952), Spanien (1982) und Türkei (1952) – die noch während des Kalten Krieges beitraten, als auch für die 12 Staaten, die seit 1999 hinzustießen – Albanien (2009), Bulgarien (2004), Estland (2004), Kroatien (2009), Lettland (2004), Litauen (2004), Polen (1999), Rumänien (2004), Slowakei (2004), Slowenien (2004), Tschechien (1999) und Ungarn (1999) – galt, dass sich ihr Wunsch zum Beitritt mit den politischen Interessen der Allianz decken musste. Geostrategische Überlegungen standen somit im Vordergrund und änderten sich mit den sicherheitspolitischen Rahmenbedingungen.

So war während des Kalten Krieges ein entscheidender Faktor, ob ein potenzielles Neumitglied dazu beitragen würde, das Bündnisgebiet effektiver zu verteidigen. Die wesentlichen Variablen waren dabei die Stärke der Streitkräfte, die ein Kandidat einbringen kann, sowie die Stationierungsmöglichkeiten, die das Territorium des betreffenden Staates bietet (Sanfelice di Monteforte 2010: 131). Diese Logik lässt sich besonders gut auf die Fälle von Griechenland und der Türkei anwenden. Auch die Kandidatur der Bundesrepublik lebte von dem Versprechen, eine 500.000 Mann starke Streitmacht aufzustellen und das Territorium für die Vorneverteidigung der Allianz nutzen zu können. Nach dem Scheitern der Europäischen Verteidigungsgemeinschaft 1954 war der NATO Beitritt die einzige Alternative, die einen Beitrag Deutschlands zur Verteidigung Westeuropas möglich machte. Allerdings ging es im deutschen Fall zudem um die Verankerung der Bundesrepublik im Westen, um somit den Prozess der europäischen Einigung zu unterstützen. Dabei sollte nicht unterschlagen werden, dass die Einhegung der Bundesrepublik im transatlantischen Bündnis für einige europäische NATO Mitglieder zu diesem Zeitpunkt zugleich noch

Sicherheit vor Deutschland bedeutete. Der Gedanke der Gemeinschaftsbildung galt nicht gleichermaßen für Griechenland und die Türkei und erst der Beitritt Deutschlands markiert die Formierung der Blockkonstellation, die den Kalten Krieg fortan prägen sollte. Mit Spanien verhielt es sich wieder anders. Der Beitrag Spaniens zur Bündnisverteidigung war selbstverständlich willkommen, aber das zentrale Argument war, dass ein NATO Beitritt helfen würde, das zu diesem Zeitpunkt noch junge demokratische System nach der Franco Diktatur zu stabilisieren (Kaplan 2001: 195-198). Während die Verteidigungsfähigkeit des Westens vor dem Hintergrund des Kalten Krieges eindeutig das ausschlaggebende Element war, deutete sich bereits im Falle Spaniens eine Logik an, die sich mit dem Ende des Ost-Westkonflikts in den Vordergrund drängen sollte.

Tabelle 3: Die Mitglieder der NATO

Jahr	Land
1949 (Gründungsmitglieder)	Belgien; Dänemark; Frankreich; Großbritannien; Island; Italien; Kanada; Luxemburg; Niederlande; Norwegen; Portugal; USA
1952	Griechenland; Türkei
1955	Deutschland
1982	Spanien
1999	Polen; Tschechien; Ungarn
2004	Bulgarien; Estland; Lettland; Litauen; Rumänien; Slowakei; Slowenien
2009	Albanien; Kroatien

Quelle: NATO, http://www.nato.int/cps/en/natolive/nato_countries.htm (02.06.11)

4.1 Der Weg zur NATO Osterweiterung

Seit Ende des Kalten Krieges hat die NATO in drei Erweiterungsrunden 1999, 2004 und 2009 insgesamt 12 neue Mitglieder aufgenommen. Natürlich wurde das NATO Bündnisgebiet auch schon durch die Wiedervereinigung Deutschlands ausgeweitet. Da in diesem Falle aber durch das Aufgehen der DDR in der Bundesrepublik kein souveräner Staat beitrat, wird er in der Regel nicht zur Osterweiterung gerechnet.

Das Beitrittsbestreben der Länder in Mittel- und Osteuropa wird spätestens 1991 deutlich und stellte die NATO zunächst vor nicht unerhebliche Probleme. Die Alliierten brauchten mehrere Jahre, bevor sie sich eindeutig zur Erweiterung der NATO nach Osten bekannten. Da Anfang der 1990er Jahre der Transformationsprozess in Mittel- und Osteuropa noch keinesfalls gefestigt und sein Verlauf somit noch unklar war, und die NATO Mitglieder zudem Sorge vor einer negativen Reaktion Russlands auf etwaige Erweiterungspläne hatten, suchten sie zunächst nach Wegen und Formen der Anbindung, die nicht auf die Aufnahme neuer Mitglieder hinausliefen. Die Regierungen in Mittel- und Osteuropa verfolgten ihrerseits eine Reihe von Zielen. Auch hier wollten Reformer den angestoßenen Transformationsprozess in westlichen Strukturen verankern, um ihn zu festigen. Gleichzeitig ging es aber auch um den klassischen Dreiklang sicherheitspolitischer Überlegungen, der schon vom ersten Generalsekretär der NATO, Lord Ismay, in den 1950er Jahren hervorgehoben wurde: Mittel- und Osteuropäer suchten Schutz vor Russland, wollten sich des Engagements der Amerikaner versichern und waren darauf aus, ein durch die Wiedervereinigung erstarktes Deutschland zu balancieren. Der beginnende kriegerische Zerfall Jugoslawiens und der gegen Gorbatschow gerichtete Putschversuch in Moskau vom August 1991 unterstrichen das Gefühl der Unsicherheit und der Verwundbarkeit (Asmus 2002: 12-17).

Im Juni 1991 lancierten der amerikanische Außenminister James Baker und sein deutscher Kollege Dietrich Genscher in Kopenhagen ein Konzept, das vorsah, gemeinsame Sicherheit in Europa durch das Zusammenwirken der NATO, der EU und der KSZE herzustellen. Die NATO wollte nicht in die Situation kommen, alleiniger Ansprechpartner der Sicherheitsbedürfnisse in Mittel- und Osteuropa zu werden. In der Erklärung von Rom betonte die NATO, dass die verschiedenen Sicherheitsorganisationen zusammenarbeiten müssen und schlug zudem die Einrichtung des NATO Kooperationsrats vor, um Konsultationen und die Zusammenarbeit mit interessierten Staaten zu institutionalisieren (NATO 1991b: Par. 3 und

11). Der Kooperationsrat, dann im Dezember ins Leben gerufen um Sicherheitsfragen zu erörtern, war aus Sicht der Staaten in Mittel- und Osteuropa allerdings unbefriedigend. Sie suchten zu diesem Zeitpunkt vor allem Sicherheitsgarantien gegenüber der Sowjet- union beziehungsweise Russland, das sie als Bedrohung ansahen.

Der deutsche Verteidigungsminister Volker Rühe war der ers- te namenhafte Politiker aus den NATO Staaten, der sich für eine Erweiterungsperspektive aussprach. Seine Rede im März 1993 vor dem *International Institute for Strategic Studies* (IISS) in London markierte den Beginn der ernsthaften Auseinandersetzung mit dem Gedanken, dass sich die NATO den Beitrittswünschen der neuen Demokratien in Europe nicht auf Dauer würde entziehen können (Rühe 1993). Rühe argumentierte, dass eine Erweiterung den Wandel im Osten der NATO konsolidieren würde und somit einen Beitrag zur Stabilität in Europa leisten könne. Im April des gleichen Jahres nutzen die Regierungschefs Polens, Tschechiens und Ungarns ein Treffen mit dem amerikanischen Präsidenten Bill Clinton, um ihre Sorge vor Russland, ihr Misstrauen gegenüber Deutschland und ihre Hoffnung auf amerikanische Unterstützung zum Ausdruck zu bringen (Asmus 2002: 23). Der amerikanische Senator Richard Lugar prägte im August 1993 den Satz, dass die NATO „out of area or out of business" gehen müsse und argumen- tierte, die NATO brauche neue Mitglieder und neue Aufgaben, um die transatlantischen Beziehungen auf die Zukunft ausrichten zu können (Lugar 1993).

Ein überraschendes russisch-polnisches Kommuniqué vom 25. August 1993 schien ein Zeitfenster aufgestoßen zu haben. Der russische Präsident Boris Jeltsin signalisierte hierin, dass er gegen die NATO Mitgliedschaft Polens keinen Widerspruch einlegen wür- de. Darauf aufbauend argumentierte NATO Generalsekretär Manf- red Wörner in einer Rede auf einer IISS Konferenz im September, dass die Stabilitätsprojektion nach Osten Aufgabe der NATO sein sollte (Asmus 2002: 37, 41). Wörner verwies im Oktober auch da- rauf, dass die eventuelle Mitgliedschaft von Staaten in Mittel- und Osteuropa nicht gegen russische Interessen durchgesetzt werden sollte. Auch die USA agierten zu diesem Zeitpunkt noch mit Zu- rückhaltung in der Erweiterungsfrage.

Auf ihrem Treffen in Travemünde im Oktober 1993 machte die NATO den Vorschlag, eine Partnerschaft für den Frieden (benannt nach dem englischen Begriff *Partnership for Peace*, PfP, siehe Kapitel 6) einzurichten. Diese Initiative wurde von den Regierungen in Mittel- und Osteuropa als Alternativvorschlag zur Erweiterung oder bestenfalls als Versuch, die Entscheidung hinauszuzögern, verstanden. Wenngleich diese Enttäuschung nachvollziehbar ist, so bedeutete die PfP Idee aus NATO Sicht im positiven Sinne ein Zeitfenster, um das Verhältnis zu Russland aufzubauen.

Der Druck, auf die Erweiterungsfrage eine Antwort zu geben, ließ allerdings nicht nach. Nicht zuletzt das Versagen anderer Organisation, inklusive der OSZE, auf dem Balkan befeuerte das Thema. Eine Resolution des amerikanischen Senats befürwortete im Januar 1994 eine Erweiterung unter den Voraussetzungen, dass neue Mitglieder zur Sicherheit der Allianz beitragen können und ihre demokratische Verfasstheit und territoriale Integrität gesichert ist. Auf amerikanischer Seite setzte sich die Einsicht durch, dass eine Erweiterung der NATO sowohl zur demokratischen Konsolidierung in Mittel- und Osteuropa beitragen würde, als auch für die USA den weiteren Vorteil bietet, eine aktive Rolle in der europäischen Sicherheitspolitik spielen zu können, und somit nicht zuletzt den immer wieder aufkommenden isolationistischen Bestrebungen von Teilen des politischen Spektrums in den USA entgegen treten zu können (Asmus 2002: xxv).

Die NATO zog noch im selben Monat auf dem Treffen in Brüssel nach: „Wir erwarten und würden eine NATO Erweiterung begrüßen, die bis zu den demokratischen Staaten in unserem Osten reicht, als Teil eines evolutionären Prozesses, unter Berücksichtigung der politischen und Sicherheitsentwicklungen in ganz Europa" (NATO 1994: Par. 12, Übersetzung des Verf.). In Brüssel begann sich somit die Idee von einer möglichen schrittweisen Osterweiterung als Stabilitätstransfer, von dem ganz Europa profitieren würde, abzuzeichnen.

Diese Position wird durch eine von der NATO in Auftrag gegebene Erweiterungsstudie, die im September 1995 vorgelegt wird, zementiert (NATO 1995). Der Report argumentierte, dass die grundlegenden Sicherheitsinteressen der NATO und das Ziel, neue

Mitglieder in europäische Institutionen zu integrieren, nicht nur mit einander vereinbar sind, sondern sich komplementär entsprechen. Eine Erweiterung könne die Transformationsbemühungen hin zu demokratischen Reformen stützen, nachbarschaftliche Beziehungen auf Grundlage von Kooperation und Konsultation stärken und auf transparente Weise eine Nationalisierung von Verteidigungspolitik verhindern. Somit erhält die Erweiterung das Siegel, die transatlantischen Beziehungen, europäische Integrationslogik und die Fähigkeit neuer Mitglieder, zu Krisenmanagementoperation beizutragen, zu stärken. Das Dokument verweist außerdem darauf, dass die Entscheidung, neue Mitglieder aufzunehmen, letztendlich immer eine politische ist und somit keine Kriterienliste definiert werden kann. Es handle sich jeweils um eine Einzelentscheidung und die Erweiterung werde ein „gradueller, bedachter und transparenter Prozess" sein (NATO 1995: Par. 7, Übersetzung des Verf.). Die Erweiterungsstudie legt außerdem nahe, dass NATO und EU Erweiterung einander unterstützende Vorgänge sind, selbst wenn sie in unterschiedlichen Geschwindigkeiten verlaufen.

4.2 Umsetzung der Osterweiterung

Auf dem NATO Treffen in Berlin im Juni 1996 werden die Öffnung der Allianz für neue Mitglieder bei gleichzeitigem Aufbau der Partnerschaft mit Russland als Kernelemente der Euro-Atlantischen Sicherheitskonzeption benannt. Die Entscheidung, zunächst lediglich Polen, Tschechien und Ungarn mit Blick auf den NATO Gipfel 1999 aufzunehmen, fällt allerdings erst im Juli 1997 auf dem Treffen der Staats- und Regierungschefs der Allianz in Madrid. Bis kurz vor dem Gipfeltreffen in Madrid war nicht klar gewesen, welche Staaten eine Einladung, der NATO beizutreten, erhalten würden und wie es der NATO gelingen sollte glaubwürdig zum Ausdruck zu bringen, dass es weitere Erweiterungsrunden geben werde. Die NATO war, was die Zahl der Einladungen anging, gespalten. Die amerikanische Regierung argumentierte für eine kleine erste Erweiterung, da sie die Chancen verbessere, sie zum Erfolg zu bringen, eine große Gruppe von Neumitgliedern die Ratifizierung der

Entscheidung im amerikanischen Senat erschwert hätte und außerdem eine kleine Runde den Bedarf nach erneuten Erweiterungen plausibel machen würde. Während u.a. Frankreich und Italien für eine größere Runde waren, konnten sich die USA aufgrund der Differenzen unter den Europäern durchsetzen (Asmus 2002: 212-216). In ihrer Madrider Erklärung unterstrichen die NATO Regierungen, dass sie erwarten, „in den kommenden Jahren weitere Einladungen an Nationen auszusprechen, die willens und fähig sind, die Verantwortlichkeiten und Verpflichtungen der Mitgliedschaft anzunehmen, und wenn die NATO befindet, dass die Aufnahme den übergeordneten politischen und strategischen Interessen der Allianz entspricht und die Aufnahme die allgemeine Sicherheit und Stabilität in Europa fördert" (NATO 1997: Par. 8, Übersetzung des Verf.). Rumänien und Slowenien, die sich im Vorfeld Hoffnung gemacht hatten ebenfalls bereits in der ersten Runde der Osterweiterung eingeladen zu werden, wurden von der NATO in besonderer Weise für ihre Reformfortschritte gelobt. Die baltischen Staaten finden auch Erwähnung, wenngleich weniger herausgehoben. Mit dieser Aufzählung wurde somit indirekt einer Staatengruppe zu verstehen gegeben, dass sie auf dem Weg in die Allianz ein gutes Stück vorangekommen sind. Die nächste Erweiterungsrunde wurde also bereits angedeutet, ohne explizit eine Vorauswahl unter den Beitrittskandidaten zu treffen.

Um den weiteren Verlauf des Erweiterungsprozesses gestalten zu helfen, rief das Bündnis im April 1999 die sogenannten Membership Action Plans (MAP) ins Leben. Das grundlegende Prinzip dieser Pläne ist, dass die NATO mit einzelnen potenziellen Mitgliedern eine Reihe von Aktivitäten beschließt, die helfen sollen, Länder auf die NATO Mitgliedschaft vorzubereiten. Die teilnehmenden Staaten wählen also aus einem Katalog von Möglichkeiten diejenigen aus, von denen sie meinen, dass sie am nützlichsten sind. Die Allianz hat dabei immer klargestellt, dass die Teilnahme an MAP weder einen Zeitplan noch überhaupt eine Entscheidung über die eventuelle Aufnahme eines Landes in die NATO vorwegnimmt. Die einzelnen Tätigkeitsfelder, die MAP umfasst, sind breit angelegt und bestehen aus den Gebieten, Politik und Wirtschaft, Verteidigung und Militär, Ressourcen, Sicherheit sowie Recht.

Die zweite Runde der Osterweiterung wurde auf dem NATO Gipfel in Prag im November 2002 beschlossen. Sieben Staaten – Bulgarien, Estland, Lettland, Litauen, Rumänien, Slowakei und Slowenien – wurden eingeladen, der Allianz bis 2004 beizutreten. Wiederum betonen die Staats- und Regierungschefs der NATO, dass die Tür zum Bündnis auch in Zukunft offen bleiben wird. Albanien und Mazedonien werden signifikante Fortschritte bescheinigt. Auch Kroatien wird versichert, dass es als Mitglied in Betracht kommt, wenn es seinen Reformprozess fortsetzt und seinen Verpflichtungen gegenüber dem Internationalen Strafgerichtshof für das ehemalige Jugoslawien nachkommt (NATO 2002a: Par. 6). Im April 2004 werden auf dem Gipfel in Istanbul diese drei Länder als Kandidaten bestätigt. Allerdings werden nur Albanien und Kroatien auf dem NATO Treffen in Bukarest im April 2008 eingeladen und treten 2009 dem Bündnis bei. Mazedonien kann den Streit mit dem NATO Mitglied Griechenland über seine offiziellen Namen nicht beilegen und der Beitritt bleibt dem Land somit zunächst verwehrt.

4.3 Bewertung und Zukunft der Politik der offenen Tür

Im Gegensatz zu den Erweiterungsschritten während des Kalten Krieges stand die Osterweiterung im Zeichen politischer Überlegungen. Es ging darum, ein Sicherheitsvakuum in Europa durch die Einbindung der mittel- und osteuropäischen Staaten zu verhindern und somit die Einigung Europas weiter voranzutreiben (Gräbner 2010: 135). Waren die 500.000 Soldaten, die Deutschland nach dem Beitritt 1955 einbringen sollte, ein willkommener Beitrag zur Verteidigungsfähigkeit des Westens, sind die militärischen Fähigkeiten, die neue Mitglieder seit 1999 in die Allianz eingebracht haben, von untergeordneter Bedeutung. Viele der militärischen Beiträge laufen auf eine Duplizierung von ohnehin schon im Überfluss vorhandenen Fähigkeiten, zum Beispiel bei den Heereskräften, hinaus (Sanfelice di Monteforte 2010: 132). Allerdings leisten die neuen Mitglieder wichtige Beiträge zu den Krisenmanagementeinsätzen der Allianz und verfügen in einzelnen Fällen über seltene Nischenfähigkeiten, die Fähigkeitslücken in der NATO schließen helfen. Zu nennen wären hier zum Beispiel die ABC-Schutzkräfte Tschechiens. Ferner trägt der Beitritt der Mittel- und Osteuropäer zur größeren territorialen Geschlossenheit des Bündnisgebietes bei, was aus militärischer Sicht ebenfalls einen Zugewinn bedeutet.

Nichtsdestotrotz, der Erweiterungsprozess verursacht neben seinem Nutzen auch nicht unbeträchtliche Kosten, so dass man durchaus eine kritische Sicht anmerken sollte: „Enlargement tests the balance because it redefines the political mission, complicates decision making, creates a diffuse security role for the Alliance, reduces the qualitative level of military-operational effectiveness and costs a lot of money" (Lindley-French 2003: 182). Es steht zu erwarten, dass sicherheitspolitische Präferenzen und Bedrohungswahrnehmungen sowie die Qualität der in der NATO zusammenarbeitenden Streitkräfte, zumindest für eine gewisse Zeit, heterogener werden, bevor der beständige Prozess der politischen Interaktion und militärtechnischen Kooperation durch die NATO eine gewisse Angleichung erwarten lässt. Die Differenzen bei der Formulierung des neuen strategischen Konzepts 2010 sowie die Einsätze der NATO haben diese zentrifugalen Kräfte anschaulich gemacht. Wenn man also von dem speziellen Fall Mazedoniens absieht, das aller Wahrscheinlichkeit nach in die NATO aufgenommen wird, sobald die Namensfrage aus dem Weg geräumt ist, spricht einiges dafür, dass die NATO die Grenzen ihrer Ausdehnungskraft erreicht hat.

Die Debatten um den Kandidatenstatus von Georgien und der Ukraine auf dem NATO Gipfel 2008 in Bukarest verdeutlichen auf unterschiedliche Weise das Problem und das abnehmende Interesse an neuen Erweiterungsrunden innerhalb der NATO. Die amerikanische Regierung unter George W. Bush übte großen Druck auf die Alliierten aus, den beiden Ländern die Teilnahme an MAP zuzusagen. Vor allem Frankreich und Deutschland stellten sich gegen diese Position. In Bezug auf Georgien wurden ungelöste Territorialfragen, die dann im weiteren Verlauf 2008 zum kurzen aber heftigen Krieg mit Russland beitragen sollten, mit Blick auf die Ukraine die politische Ernsthaftigkeit des Beitrittsgesuchs hinterfragt. Außerdem melde Russland unmissverständlich seinen Einspruch an. Vor diesem Hintergrund beinhaltet die Erklärung der NATO Staats-

und Regierungschefs vom Gipfel in Bukarest erstaunliche Sätze: „Die NATO begrüßt die euro-atlantischen Bestrebungen der Ukraine und Georgiens auf Mitgliedschaft in der NATO. Wir sind uns heute einig geworden, dass diese Länder Mitglieder der NATO sein werden" (NATO 2008a: Par. 23, Übersetzung des Verf.). Diese Kompromissformel verleiht weder Ukraine noch Georgien MAP Status, aber die grundlegende Entscheidung, dass diese beiden Staaten in Zukunft, ohne allerdings einen Zeitplan zu benennen, NATO Mitglieder werden, wird vorweggenommen. Die Prinzipien, nach denen bisherige Osterweiterungsrunden abgelaufen sind, werden also umgekehrt. Aus Teilnehmerkreisen wurde verlautbart, dass diese Formulierung direkt zwischen den Staats- und Regierungschefs in letzter Minute ausgehandelt wurde, was die aus diplomatischer Sicht vertrackte Logik der Aussage zum Teil erklären helfen dürfte (IISS 2008: 163).

Seit Mitte der 1990er Jahre betont die NATO, dass die Osterweiterung als kooperative Politik zu betrachten ist und mit einem Partnerschaftsangebot an Russland einhergeht. Da das Ausmaß der Spannungen zwischen Russland und der NATO schwankt, variiert auch der Einfluss Russlands auf den Erweiterungsprozess (Rühle 2010: 175). Allerdings hält sich bei Teilen der russischen sicherheitspolitischen Elite hartnäckig die Einschätzung, dass die NATO mit der fortschreitenden Erweiterung gegenüber Russland ein Versprechen gebrochen hat. Es wird in diesem Zusammenhang immer wieder an eine Unterhaltung zwischen dem amerikanischen Außenminister Baker und Gorbatschow vom 9 Februar 1990 erinnert, in der es angeblich zu einer amerikanischen Garantie, dass es keine Osterweiterung geben würde, gekommen ist. Die USA haben diese Interpretation immer bestritten und argumentierten, die damalige Unterhaltung sei im Hinblick auf Deutschland erfolgt (Asmus 2002: 6). Gelegentlich wird sowohl in russischen als auch westeuropäischen Expertenkreisen allerdings auch die Option, Russland in die NATO aufzunehmen, diskutiert (Rühe et al 2010). Auch wenn diese Ideen in der näheren Zukunft vermutlich nicht über den Status von intellektuellen Planspielen hinauswachsen werden, so unterstreichen sie dennoch, dass die Einbindung Russlands in europäische Sicherheitsstrukturen auch zwei Jahrzehnte nach Ende des Kalten Krieges noch nicht gelöst ist.

In der Gesamtschau hat die Osterweiterung sowohl der NATO als auch den beitretenden Staaten ein Plus an Sicherheit gebracht. Der überlegte und graduelle Prozess barg sicherlich Anlass zu Frustrationen in vielen Hauptstädten der Kandidaten, hat sich in dieser Hinsicht aber bewährt. Die Diskussionen um Georgien und die Ukraine zeigten, dass dies keine Selbstverständlichkeit ist. Deutschland steht als einer der großen Profiteure der Osterweiterung dar. Aus seiner Stellung als Frontstaat im Kalten Krieg ist es nun buchstäblich von Alliierten und Freunden umringt. Die NATO Osterweiterung hat in der östlichen Nachbarschaft Deutschlands dazu beigetragen, dass eine Zone der Stabilität entstehen konnte.

5   Einsätze der NATO

Auch zu Zeiten des Kalten Krieges merkte die NATO wiederholt an, dass sie an sicherheitspolitischen Entwicklungen jenseits des Bündnisgebietes direktes Interesse hat. Der Harmel Bericht von 1967 wies darauf hin, dass die Sicherheit des NATO Territoriums und seiner Mitgliedstaaten in diesem weiteren Kontext zu verankern ist: Das Vertragsgebiet könne nicht „in Isolation vom Rest der Welt [betrachtet werden.] Krisen und Konflikte, die außerhalb dieses Gebiets aufkommen, können seine Sicherheit entweder direkt oder durch Beeinträchtigung des globalen Gleichgewichts schädigen" (NATO 1967: Par. 15, Übersetzung des Verf.). Aber erst mit Ende des Kalten Krieges stellte sich die Frage nach Krisenmanagementeinsätzen durch die sich die NATO ein neues Aufgabenfeld erschloss, der Maxime des US Senators Richard Lugar, *out of area or out of business*, folgend (Lugar 1993). Während es im Verlauf des Golfkriegs von 1991 erste Aktivitäten gab, führte der Zerfall Jugoslawiens die Allianz in das operative Geschäft. Somit wird das Eingreifen der NATO 1995 im Bosnienkonflikt als erste militärische Intervention des Bündnisses gerechnet. Seither haben NATO Operationen die Bandbreite des militärischen Krisenmanagements abgedeckt, von humanitären Hilfseinsätzen bis hin zum Kampfeinsatz.

Spätestens seit ihrem Treffen in Reykjavik im Mai 2002 hat die NATO *de facto* einer Beschränkung ihres geographischen Operationsradius eine Absage erteilt. Einsätze sollen dort erfolgen, wo sie nötig sind. Dieser globale Handlungsanspruch ist auch im strategischen Konzept von 2010 verankert. Im Frühjahr 2011 standen über 140.000 Soldaten und Soldatinnen, die Beiträge von Drittstaaten mitgerechnet, in NATO-geführten Einsätzen in Afrika, Europa und Asien. Der Einsatz in Afghanistan machte mit ca. 132.000 Soldaten, von denen ca. 128.000 aus NATO Mitgliedstaaten, vor allem den

USA (90.000), entsandt wurden, den eindeutigen operativen Schwerpunkt aus.

Tabelle 4: Einsätze der NATO

Name der Operation	Zeitraum	Zielland/Einsatzgebiet
Deliberate Force	1995 (August bis September)	Bosnien und Herzegowina
Implementation Force (IFOR)	1995 – 1996	Bosnien und Herzegowina
Stabilization Force (SFOR)	1996 – 2004	Bosnien und Herzegowina
Allied Force	1999 (März bis Juni)	Ehemalige Republik Jugoslawien
Kosovo Force (KFOR)	Seit Juni 1999	Kosovo
Active Endeavour	Seit Oktober 2001	Mittelmeer
Essential Harvest	2001 (August bis September)	Mazedonien
Amber Fox	2001 – 2002	Mazedonien
Allied Harmony	2002 – 2003	Mazedonien
International Security Assistance Force (ISAF)	Seit 2003 von der NATO geführt	Afghanistan
NATO Training Mission in Iraq (NTM – I)	Seit Juni 2004	Irak
Unterstützung AU Mission AMIS	2005 – 2007	Sudan
Humanitäre Hilfe Katrina	2005 (September bis Oktober)	USA
Humanitäre Hilfe Erdbeben	2005 – 2006	Pakistan
Unterstützung AU Mission AMISOM	2007 – 2010	Somalia
Allied Provider	2008 (Oktober bis Dezember)	Horn von Afrika
Allied Protector	2009 (März bis August)	Horn von Afrika
Ocean Shield	Seit August 2009	Horn von Afrika
Unified Protector	Seit März 2011	Libyen

Quelle: NATO, http://www.nato.int/cps/en/natolive/topics_52060.htm (02.06.11)

5.1 Bosnien-Herzegowina

Der gewaltsame Zerfall Jugoslawiens und der Krieg in Bosnien-Herzegowina 1992-1995 führten zum ersten aktiven militärischen Eingreifen der Allianz. Im Juni 1992 beschlossen die NATO Außenminister, dass die Allianz die Maßnahmen der OSZE (die damals noch als KSZE firmierte) im Einzelfall unterstützen würde. Einen Monat später begannen NATO-Kräfte mit der Seeüberwachung der Adria auf Grundlage der Resolutionen 713 und 757 des VN-Sicherheitsrats, die ein Waffenembargo und Sanktionen gegen das ehemalige Jugoslawien verhängten und traten somit unterstützend für die VN-Truppe in Jugoslawien (UNPROFOR) auf. Im Oktober begann die NATO ferner mit der Überwachung einer Flugverbotszone über Bosnien-Herzegowina. Dieses Engagement wurde im April 1993 durch die *Operation Deny Flight* in eine aktive Durchsetzung des Flugverbots durch NATO Flugzeuge ausgeweitet. Seit Februar 1994 führte die NATO auf Anfrage der VN Luftschläge zur Unterstützung der UNPROFOR Bodentruppen aus. Im August und September 1995 unternahm die NATO eine 12-tägige Kampagne unter dem Namen *Deliberate Force* und griff gezielt Stellungen der Armee der bosnischen Serben aus der Luft an. Diese Angriffe halfen, die Bedingungen für eine Verhandlungslösung des Konflikts zu schaffen, und trugen somit zum in Dayton ausgehandelten Friedensabkommen vom 14. Dezember 1995 bei. Im gleichen Monat begann die NATO mit der Stationierung von insgesamt 60.000 Soldaten im Rahmen der VN-mandatierten *Implementation Force* (IFOR), die UNPROFOR ablöste. IFOR wurde ein Jahr später in die noch 32.000 Soldaten umfassende *Stabilisation Force* (SFOR) überführt. Aufgrund der sich verbessernden Sicherheitslage wurde SFOR im Verlauf der Jahre immer weiter reduziert bis sie im Dezember 2004, dann noch 7.000 Soldaten stark, ihrerseits die Verantwortung an die EU-geführte Nachfolgeoperation *Althea* abgab.

Die amerikanische Regierung war zunächst zurückhaltend, was ein militärisches Eingreifen anging, da sie den Zerfall Jugoslawiens in erster Linie als europäisches Problem, das von Europäern zu lösen sei, betrachtete. Diese Haltung wurde von einigen europäischen Regierungsvertretern in so fern bestärkt, dass sie selbst europäische Institutionen in der Pflicht sahen, die Jugoslawienkrise beizulegen (Kelleher 1995: 113-115; Vanhoonacker 2001: 153). Vor dem Beginn einer Vermittlungsreise im Juni 1991 nach Jugoslawien erklärte der luxemburgische Außenminister Jacques Poos: „dies ist die Stunde Europas. Es ist nicht die Stunde Amerikas" (zitiert in Riding 1991).

Nach der Eskalation in Bosnien-Herzegowina und den scheiternden Bemühungen der Europäer entbrannte in der NATO eine Strategiedebatte. Die amerikanische Regierung befürwortete eine Politik, die auf eine teilweise Aufhebung des Waffenembargos abzielte, um somit bosniakische Verbände zu bewaffnen und gleichzeitig NATO Luftangriffe auf Stellungen der Armee der bosnischen Serben vorsah. Ziel dieser Politik war es, das Kräfteverhältnis am Boden nachhaltig zu beeinflussen. Die Europäer, die ihrerseits einen bedeutenden Beitrag zu UNPROFOR leisteten und teilweise signifikante Verluste in ihren Kontingenten hinnehmen mussten, argumentierten dagegen, da sie der Meinung waren, die von den Amerikanern *lift and strike* benannte Strategie würde UNPROFOR zusätzlich gefährden (Gompert 1994).

Die Entscheidung, dann im August 1995 in ausschlaggebender Härte im Rahmen der NATO zuzuschlagen, führen einige Autoren auf die Sorge der Amerikaner zurück, dass die NATO im Bosnienkrieg ihre Glaubwürdigkeit verlieren und das Bündnis als schwach und gespalten wahrgenommen werden könnte (Latawski und Smith 2003: 57). Die lediglich indirekte Rückbindung des Bosnieneinsatzes an amerikanische Interessen und der schwache Rückhalt, den die Mission in der amerikanischen Bevölkerung genoss, trugen dazu bei, dass die an IFOR beteiligten US-Truppen den Eigenschutz sehr in den Vordergrund ihrer Aktivitäten rückten, was wiederum auf europäischer Seite den Vorwurf hervorrief, mit dieser risikoaversen Herangehensweise die Umsetzung des IFOR Mandats zu erschweren (Neville-Jones 1996; Thomas 2000: 39-41).

5.2 Kosovo

Im März 1999 begann die NATO einen Luftkrieg gegen die Bundes-republik Jugoslawien, der 78 Tage andauern sollte und in dessen Verlauf die Flugzeuge der Allianz fast 10.500 Kampfeinsätze flogen. Zuvor waren diplomatische Bemühungen, den Konflikt im Kosovo beizulegen, gescheitert. Seit dem Frühjahr 1998 häuften sich die Übergriffe serbischer Polizei- und Militärkräfte auf die dortige al-banische Bevölkerung. Die Kampfhandlungen dauerten trotz der Bemühungen der internationalen Staatengemeinschaft an. Nicht zuletzt die humanitäre Notlage und die einsetzenden Flüchtlings-bewegungen, gepaart mit dem offensichtlichen Desinteresse der Regierung von Slobodan Milosevic an einer friedlichen Beilegung der Auseinandersetzungen, führten dazu, dass die NATO am 13 Oktober 1998 Luftschläge gegen die damalige Republik Jugoslawi-en autorisierte. Diese wurden aber zunächst nicht ausgeführt, da Milosevic einzulenken schien. Allerdings nahmen die Gewalthand-lungen im Kosovo, angetrieben sowohl von serbischen als auch albanischen Akteuren, bereits Anfang 1999 wieder zu. Internationa-le Verhandlungen, durchgeführt im französischen Rambouillet im Februar und März 1999, sollten eine diplomatische Lösung zwi-schen Serben und Kosovo-Albanern herbeiführen. Nach dem end-gültigen Scheitern dieser internationalen Bemühungen begann die NATO am 24 März mit Luftangriffen gegen Jugoslawien.

Die Rechtfertigung für den Kosovo-Krieg, ein Krieg der wohl-gemerkt nicht eine Reaktion auf einen externen Angriff auf NATO Territorium darstellte, ist vielschichtig. Zum einen konnten die NATO Mitglieder darauf verweisen, dass diplomatische Mittel er-schöpft waren und eine humanitäre Katastrophe drohte, deren Konsequenzen weit über das Kosovo hinaus zu spüren sein wür-den. Die Regierung Milosevic missachtete eindeutig den Willen der internationalen Gemeinschaft, wie er auch in VN Resolutionen aus dem Jahr 1998 zum Ausdruck kam. Gleichzeitig stand die NATO, die gegenüber Milosevic seit 1998 eine klare Drohkulisse aufgebaut hatte, auch vor dem Problem, dass ihre Glaubwürdigkeit auf dem Spiel stand, was den Handlungsdruck noch erhöhte (Sperling und Webber 2009: 495-496). Einige Autoren gehen sogar so weit zu argumentieren, dass die Glaubwürdigkeit der Allianz zu einem der eigentlichen Kriegsziele mutierte, was die NATO zu Einigkeit und Erfolg, im Sinne eines Einlenkens Milosevics, verdammte (Latawski und Smith 2003: 59).

In den öffentlichen Rechtfertigungen führender Politiker aus NATO Mitgliedstaaten standen allerdings die humanitären und moralischen Dimensionen im Vordergrund. Die gerade erst gewählte rot-grüne Koalition um Bundeskanzler Schröder und Außenminister Fischer in Deutschland betonte, dass der Einsatz militärischer Gewalt unumgänglich sei, um massive Menschenrechtsverletzungen zu verhindern. Trotz der historisch verankerten Zurückhaltung bei militärischen Fragen, welche die Sicherheitspolitik der Bundesrepublik Deutschland über Jahrzehnte geprägt hatte, bestünde nun eine verantwortliche Politik darin, europäische Ideale und Werte sowie die Zukunft der europäischen Integration, auch mit Waffengewalt und unter Einbeziehung der Bundeswehr zu verteidigen (siehe die Debatten im Deutschen Bundestag 1999a; 1999b; 1999c; außerdem: Rudolf 2005: 140; Fischer 2000).

Der französische Präsident Jacques Chirac bezeichnete den Kosovo-Krieg als „Konfrontation zwischen Grausamkeit und Demokratie. Es ist ein wahrer Kampf für Frieden und Menschenrechte auf unserem Kontinent. Es ist eine ehrenwerte Schlacht. Wir müssen sie bis zum Ende durchführen" (Chirac 1999, Übersetzung des Verf.). In Großbritannien stellte Premierminister Tony Blair den Krieg in einen ganz ähnlichen moralisch-humanitären Zusammenhang. Er bezeichnete ihn als „gerechten Krieg, basierend nicht auf territorialen Ambitionen, sondern auf Werten" und sagte, „es ist eine Schlacht zwischen Gut und Böse, zwischen Zivilisation und Barbarei" (Blair 1999a und Blair, zitiert in Kampfner 2004: 56, Übersetzungen des Verf.).

Diese politische Begründung für den Krieg ist umso relevanter, da die völkerrechtliche Grundlage aufgrund des fehlenden Mandats des VN-Sicherheitsrats überaus umstritten ist. Haines (2009) hat die Debatte zur Legalität des Kosovo-Kriegs in vier Positionen gegliedert. Eine der Positionen ist, dass der Krieg schlichtweg illegal war, da er sich weder auf Artikel 51 oder Artikel 42 der UN Charta berufen konnte. Dem steht eine zweite Position gegenüber, die davon ausgeht, dass völkerrechtliches Gewohnheitsrecht Gewaltanwendung aus humanitärer Notwendigkeit zulässt und der Krieg somit legal war. Ein dritter Standpunkt verweist darauf, dass sich Völkerrecht aus historischer Perspektive immer mit der praktischen Ausübung durch Staaten weiterentwickelt hat. Somit entspreche der Kosovo-Krieg zwar nicht vollständig dem damaligen Völkerrecht, sei aber vor der Hintergrund der historischen Perspektive durchaus zu rechtfertigen. Schließlich besagt eine vierte Position, dass der Krieg zwar illegal war, aber trotzdem als Ausnahme, begründet in der humanitären Notlage, zu akzeptieren ist. Diese letzten beiden Sichtweisen deuten an, dass aus völkerrechtlicher Sicht der Kosovokrieg als illegal und gleichzeitig als legitim angesehen werden kann. Haines unterstützt diese Einschätzung, stellt allerdings auch klar, dass sich aus dem Kosovo-Krieg trotzdem keine gewohnheitsrechtliche Norm zur humanitären Intervention ableiten lässt (Haines 2009: 489-490). Zu einer ähnlichen Einschätzung kommen auch Latawski und Smith (2003: 29-32). Sogar der damalige VN Generalsekretär Kofi Anan erklärte Ende Januar 1999 vor dem Nordatlantikrat, dass denjenigen, die trotz einer Blockade des Sicherheitsrats handlungsfähig sind, eine besondere Verantwortung zukommt, was durchaus als persönliche Zustimmung des Generalsekretärs zu Militärschlägen gewertet werden kann (Berenskoetter und Giegerich 2010: 440).

Die Frage nach der völkerrechtlichen Basis des Krieges stellte allerdings nicht das einzige Problem für die NATO Mitglieder dar. Der Luftkrieg unterstrich erneut die vielen militärischen Fähigkeitslücken der Europäer und deren daraus resultierende Abhängigkeit von den Amerikanern. US Flugzeuge flogen die Mehrzahl der Einsätze und verwendeten den Großteil der Präzisionswaffen. Das amerikanische Militär stellte darüber hinaus über 90% der relevanten Aufklärungsergebnisse. Bei den europäischen Partnern hingegen offenbarten sich Unzulänglichkeiten bei der Operationsführung, den Luftbetankungskapazitäten, der Bekämpfung feindlicher Luftabwehrstellungen und den Fähigkeiten auch in der Nacht und bei schlechtem Wetter Einsätze zu fliegen (Daalder und O'Hanlon 2000: 150; Yost 2003: 88-89; Thomas 2000: 52). Eine Analyse fasst zusammen: die Amerikaner „haben den Krieg im Namen ihrer europäischen Alliierten durchgeführt" (Thomas 2000: 46, Übersetzung des Verf.).

Dieses transatlantische militärische Fähigkeitsgefälle führte unter anderem dazu, dass die Amerikaner eine rein nationale Führungs- und Planungsstruktur, parallel zur NATO, einrichteten. Diese fütterte dann die NATO Struktur mit möglichen Zielen für die Bomben der NATO Piloten. Die endgültige Zielfreigabe erfolgte zwar noch im multinationalen Rahmen, aber nach Vorauswahl der USA. Die Entscheidungsstrukturen der Allianz waren also auf die Probe gestellt. Im Verlauf des Krieges verlagerte sich die politische Kontrolle immer mehr auf informelle Entscheidungsprozesse. Neben den USA banden sich Deutschland, Frankreich, Großbritannien und Italien in einer informellen Führungsgruppe zusammen. Die Befugnis, die Luftschläge zu intensivieren, wurde vom Nordatlantikrat auf den Generalsekretär übertragen (Latawski und Smith 2003: 42-47). Diese Bewegung hin zu informellen Prozessen stellte den Versuch dar, Handlungsfähigkeit, die durch den Konsenszwang im Rahmen der formalen Gremien leiden würde, zu erhalten.

Der Kosovokrieg blieb für die NATO verlustfrei. Sowohl die politische als auch in Teilen die militärische Führung des Bündnisses wurde aber von der Hartnäckigkeit Milosevics überrascht. Das erwartete schnelle Ende des Luftkriegs blieb aus. Als sich aber zeigte, dass die NATO trotz vieler Unstimmigkeiten einen Grundkonsens beibehalten konnte und einige Alliierte anfingen, über den eigentlich ausgeschlossenen Einsatz von Bodentruppen nachzudenken, gab die jugoslawische Regierung schließlich nach. Zu groß war der Normenverstoß des Milosevic Regimes, als dass die Regierungen der NATO Mitglieder einen Fehlschlag ihrer Bemühungen hinnehmen würden, auch wenn die politischen Grenzen und Belastungen des Koalitionskrieges nur allzu deutlich wurden (Allin 2002: 63-65). Einige Kommentatoren bewerteten diese Erfahrung so negativ, dass sie davon ausgingen, der Kosovo-Krieg habe „das Ende der NATO als militärische Kampforganisation signalisiert (De Jonge Oudraat 2002: 16, Übersetzung des Verf.). Wenngleich diese Interpretation überzogen ist, was nicht nur der Afghanistan Einsatz der Allianz belegt, so war der Kosovo-Krieg doch ein Krisenmoment für die NATO. Kein Lager innerhalb der Allianz konnte den

Einsatz als eindeutig positiv bewerten: die Amerikaner mussten sich aufgrund der militärischen Unzulänglichkeiten ihrer Partner überproportional stark engagieren, während die Europäer ihren mangelnden Einfluss auf amerikanische Entscheidungen monierten (Bozo 2003: 65).

Der erste von der NATO geführte Krieg, *Operation Allied Force*, legte also die strukturellen Schwächen der NATO bloß. Nachdem die Regierung Jugoslawiens am 9 Juni 1999 den Abzug ihrer Kräfte einleitete und einem Abkommen zugestimmt hatte, beendete die NATO am 10 Juni die Kampfhandlungen. Am gleichen Tag mandatierte VN-Resolution 1244 eine zivile (UNMIK) und eine militärische (KFOR) Operation zur Implementierung des Friedensabkommens. Die *Kosovo Force* (KFOR) begann ihre Arbeit am 12 Juni 1999 und wird seither von der NATO geführt. Während sie zu Beginn über 50.000 Soldaten umfasste, wurde sie aufgrund der sich verbessernden Sicherheitslage schrittweise auf nunmehr unter 8.500 Soldaten reduziert. KFOR sollte einen erneuten Ausbruch von Gewalt verhindern, helfen ein sicheres Umfeld herzustellen und internationale humanitäre Anstrengungen unterstützen. Wenngleich KFOR mittlerweile hinter lokale Akteure und international unterstützte Polizeikräfte zurückgetreten ist, so unterstützt die NATO Operation auch heute noch die öffentliche Sicherheit im Kosovo. Seit 2008 konzentriert sich die NATO auf die Ausbildung und Einrichtung lokaler Sicherheitskräfte unter ziviler Führung. Von Beginn an waren auch Nicht-NATO Mitglieder an der KFOR beteiligt, unter ihnen auch Russland.

5.3 Konfliktverhütung in Mazedonien

Im Zeitraum von August 2001 bis März 2003 führte die NATO drei aufeinanderfolgende Einsätze in der ehemaligen jugoslawischen Republik Mazedonien durch. Obwohl diese Operationen in der Wahrnehmung oft im Schatten der anderen Balkaneinsätze der NATO stehen, verdienen sie besondere Erwähnung, da sie durch frühzeitiges militärisches Engagement, eingebettet in einen breiten politischen Prozess, einen Beitrag zur Konfliktverhütung geleistet haben.

Nachdem es im Frühjahr 2001 zu bewaffneten Auseinandersetzungen zwischen den mazedonischen Sicherheitskräften und der Nationalen Befreiungsarmee (NLA), einem Zusammenschluss militanter Albaner, kam, brachte die NLA bis zum Sommer einen beträchtlichen Teil des mazedonischen Territoriums unter ihre Kontrolle. Die NLA forderte mehr Rechte und eine bessere Stellung der albanischen Bevölkerung. Die Regierung begegnete der Aufstandsbewegung ihrerseits mit nicht unbeträchtlicher militärischer Härte, was Mazedonien an den Rand eines Bürgerkriegs führte.

Vor diesem Hintergrund trat der mazedonische Präsident Boris Trajkovski im Juni 2001 an den damaligen NATO Generalsekretär George Robertson mit der Bitte um Unterstützung bei der Entmilitarisierung der militanten Gruppen ethnischer Albaner heran. Die NATO sagte ihre Unterstützung zu und verlangte gleichzeitig einen Reformprozess, der ethnischen Albanern in Mazedonien größere politische und gesellschaftliche Mitwirkungsrechte einräumt. Des Weiteren verlangte die NATO als Vorbedingungen für einen Einsatz ein politisches Abkommen und einen Waffenstillstand zwischen den Konfliktparteien. Nachdem dieses am 13 August in Form des Ohrid Rahmenabkommens zwischen der Regierung in Skopje und Vertretern der albanischen Milizen vorlag, gab der Nordatlantikrat grünes Licht. Ein Team von NATO Mitarbeitern unterstützte die Verhandlungen direkt und half, die NLA zu einem Waffenstillstand zu bewegen. Das zu dem Zeitpunkt bereits existierende Verbindungsbüro der NATO in Skopje spielte eine wichtige Rolle bei der Koordination mit der Regierung vor Ort und mit anderen Akteuren wie der EU (Carp 2002).

Bereits Ende August 2001 begann *Operation Essential Harvest*, eine 30-tägige Operation, welche die Entwaffnung der NLA auf freiwilliger Basis organisierte. Die NATO entsandte ungefähr 3.500 Soldaten, die fast 4.000 Waffen einsammelten und die Operation am 26. September abschlossen. Die militärische Organisation NLA war somit aufgelöst. Die sich direkt anschließende *Operation Amber Fox*, bestehend aus ca. 700 Soldaten, sollte Beobachter der EU und der OSZE, welche die Einhaltung des Friedensabkommens überwachten, schützen. Das ursprünglich dreimonatige Mandat wurde bis zum 15 Dezember 2002 verlängert. Ebenfalls im direkten

Anschluss an diesen Einsatz kam die NATO einem erneuten Ersuchen des mazedonischen Präsidenten, den Friedensprozess weiter zu stärken, nach und begann *Operation Allied Harmony*, welche die internationalen Beobachter operativ unterstützten sowie der Regierung beratend zur Seite standen. Nachdem dieser Einsatz am 31 März 2003 beendet wurde, gab die NATO ihre Verantwortung an eine EU-geführte Mission ab.

Das Eingreifen der NATO, in enger Abstimmung mit der EU und der OSZE und angefragt von der Regierung in Skopje, half, den Weg zu einer tragfähigen politischen Lösung und deren Umsetzung zu finden und abzustützen. Der Fall Mazedoniens ist somit als ein positives Beispiel erfolgreicher Konflikteindämmung und -verhütung anzusehen. Durch frühes, dauerhaftes und koordiniertes Vorgehen wurde eine Eskalation des Konflikts verhindert. Mit einem begrenzten Einsatz an Personal konnte das militärische Instrument zur Unterstützung des politischen Prozesses erfolgreich genutzt werden.

5.4   Afghanistan - ISAF

Nach den von *Al Qaida* in Afghanistan geplanten Terroranschlägen auf die USA vom 11. September 2001 und die darauffolgende amerikanisch geführte militärische Intervention in Afghanistan, die den Sturz der damaligen Taliban Regierung zur Folge hatte, erteilten die VN am 20. Dezember 2001 ein Mandat für die *International Security Assistance Force* (ISAF). Aufgabe der ISAF war es, zunächst die neu eingerichtete Übergangsregierung in Afghanistan abzusichern und den Wiederaufbau in Afghanistan zu unterstützen. Ihr Operationsgebiet war auf die afghanische Hauptstadt Kabul und deren unmittelbare Umgebung beschränkt. Während sich von Beginn an eine Vielzahl von NATO Staaten an ISAF beteiligten, übernahm die NATO erst im August 2003 die Führung des VN-mandatierten Einsatzes. Die NATO hatte zwar, auf Betreiben des damaligen Generalsekretärs Robertson, in Reaktion auf die von außerhalb der USA koordinierten Terroranschläge noch im September 2001 den Verteidigungsfall nach Artikel 5 des Nordatlantikvertrags ausgerufen, aber die amerikanische Regierung kam zu der

Bewertung, dass die NATO beim anstehenden Militäreinsatz eher hinderlich sein könnte. Stattdessen sollte eine Koalition der Willigen den Einsatz führen. Zweifellos wirkte hier noch die Kosovoerfahrung nach, die unter anderem dazu führte, dass die Bündnispartner als ein den effektiven Militäreinsatz komplizierender Faktor angesehen werden, sofern der Einsatz innerhalb der konsensgetriebenen Strukturen der Allianz verankert wird (Sperling und Webber 2009: 500-501; Varwick 2008: 155-156). Allerdings merkte auch die amerikanische Regierung schnell, dass die so erkaufte operationelle Freiheit Kosten nach sich zieht, und zwar sowohl in Form politischer Legitimität als auch in Form eines militärisch kohärenten Vorgehens.

Der Beschluss, den ISAF Einsatz von der NATO führen zu lassen, wurde schließlich von Deutschland angeregt. Er lag darin begründet, dass die Allianz dem ISAF Einsatz eine verlässliche militärische Führungs- und Kommandostruktur geben konnte. Zuvor musste aufgrund des Rotationsprinzips im Halbjahresrhythmus eine neue Führungsstruktur identifiziert und aufgebaut werden. Die Übernahme dieser Funktion durch die NATO bedeutete also für ISAF einen Gewinn an Stabilität und Berechenbarkeit. Zudem können durch den NATO Handlungsrahmen auch kleinere Staaten leichter eingebunden werden, als dies bei wechselnden *ad hoc* Strukturen der Fall wäre.

Zwischen Oktober 2003 und Oktober 2006 wurde dann das Einsatzgebiet der nunmehr NATO geführten ISAF schrittweise auf ganz Afghanistan ausgedehnt, da sich die vergleichsweise enge räumliche Begrenzung auf Kabul und Umgebung schnell als Hindernis bei der Durchführung des ISAF Auftrags herausstellte. In der ersten Phase von Dezember 2003 bis Oktober 2004 erfolgte die Ausdehnung der ISAF nach Nordafghanistan. Im Jahr 2006 folgten hierauf der afghanische Westen, der Süden und schließlich der Osten des Landes. Bis zum März 2011 war die ISAF Mission von ursprünglich 5.000 Soldaten auf insgesamt 132.000 Truppen aus 48 Ländern angewachsen. Der amerikanische Anteil lag zu diesem Zeitpunkt bei ungefähr 90.000 Soldaten. ISAF ist in sechs sogenannte Regionalkommandos unterteilt: Hauptstadt, Süd, Südwest, West, Nord, Ost.

Der Aufwuchs von ISAF hängt nur teilweise mit der geographischen Ausdehnung der Mission zusammen. Vor allem drückt sich hier ein Strategie- und Aufgabenwandel über die Zeit aus. Während zu Beginn des Einsatzes Stabilisierungsaufgaben dominierten, steht mittlerweile die Bekämpfung Aufständischer (Counterinsurgency/ COIN) in Zusammenarbeit mit den im Aufbau befindlichen lokalen afghanischen Sicherheitskräften sowie die Ausbildung letzterer im Vordergrund. Dieser operative Fokus und die damit verbundene Strategie erfordern einen hohen Einsatz an Personal. Die NATO und andere teilnehmende Staaten verfolgen nunmehr vier prioritäre Ziele. Erstens die afghanische Bevölkerung vor den Aufständischen zu schützen. Um diese Aufgabe glaubhaft erfüllen zu können, müssen NATO Kräfte ihrerseits im Vorgehen gegen aufständische und terroristische Gruppierungen darauf bedacht sein, Opfer unter der Bevölkerung durch NATO-Truppen zu vermeiden. Damit erhalten die Aktionen einer jeden NATO Einheit übergeordnete strategische Bedeutung, da bereits ein einzelner Fall, der gegen diese Logik verstößt, der Aufstandsbewegung nicht nur einen Propagandaerfolg verschafft, sondern das gesamte Narrativ, das den NATO Einsatz in den Augen der afghanischen Bevölkerung legitimieren soll, untergräbt.

Zweitens will die NATO durch ihre Ausbildungsmission (*NATO Training Mission Afghanistan*, NTM-A) die Kapazitäten der afghanischen Sicherheitskräfte, der afghanischen Nationalarmee und der nationalen Polizei, soweit ausbauen, dass diese schrittweise die alleinige Verantwortung für die Sicherheitslage in Afghanistan übernehmen können. Bei der Entwicklung professioneller und dauerhaft bestehender Sicherheitskräfte ist weniger das bloße Erreichen bestimmter numerischer Ziele – also zum Beispiel bis zum Jahr X eine Zahl Y von Soldaten ausgebildet zu haben – das Problem, sondern vielmehr qualitativ hochwertige Kräfte aufzubauen.

Drittens will die NATO die Aufstandsbewegung weiterhin militärisch bekämpfen. Die Allianz sieht sich hier einem Gegner gegenüber, der aufgrund der eindeutigen konventionellen militärischen Überlegenheit der NATO Truppen die direkte Auseinandersetzung scheut und seit der Ausdehnung des ISAF Einsatzes auf ganz Afghanistan verstärkt Taktiken wie improvisierte Sprengfallen und guerillaartige Angriffe mit kleinen Elementen und von kurzer Dauer einsetzt. Seit 2008 starben über 50% der gefallenen ISAF Soldaten durch Anschläge mit improvisierten Sprengkörpern. Die Aufständischen profitieren dabei von der Möglichkeit, die über weite Strecken kaum kontrollierte Grenze zwischen Afghanistan und Pakistan unbemerkt überschreiten, und somit Teile Pakistans als Rückzugsgebiet nutzen zu können. Außerdem konnten sie lange durch gewährte oder erzwungene Unterstützung von Teilen der lokalen Bevölkerung buchstäblich vor den Augen der ISAF Truppen in den tribalen Strukturen Afghanistans abtauchen. Durch das Jahr 2010 hindurch stieg die Zahl der Sicherheitsvorkommnisse nochmals an. Der VN Generalsekretär erklärte, dass es 2010 im Durchschnitt zu 1.620 Vorkommnissen im Monat kam während es im Jahr 2009 monatlich noch 960 Vorkommnisse waren (Vereinte Nationen 2011). Es mehren sich aber dennoch die Zeichen, dass ein höheres Operationstempo der ISAF Truppen, ermöglicht vor allem durch die Aufstockung des amerikanischen ISAF Kontingents, Wirkung zeigt. Trotz der gestiegenen Zahl der Sicherheitsvorkommnisse konnte ISAF in Zusammenarbeit mit den Sicherheitskräften der afghanischen Regierung vor allem die mittlere Führungsstruktur der Aufständischen merklich schwächen und außerdem Gebiete, die zuvor von Aufständischen kontrolliert wurden, zurückgewinnen. Dies hat wiederum eine Verdrängungsbewegung ausgelöst, die verstärkte Aktivitäten von Aufständischen in zuvor vergleichsweise friedlichen Distrikten erklären hilft, während in anderen Gebieten ein eindeutiger Stabilisierungseffekt eingetreten ist.

Viertens will die NATO die Regierungsfähigkeit des afghanischen Regimes stützen. In diesem Zusammenhang kommt v.a. den sogenannten *Provincial Reconstruction Teams* (PRT) eine besondere Bedeutung zu. Zu Beginn des Jahres 2011 befanden sich 28 solcher Teams im Einsatz, die auf lokaler Ebene mit zivilen Mitteln, aber wo nötig militärisch abgesichert, Entwicklung und Wiederaufbau vorantreiben und somit den Kapazitätsaufbau unterstützen sollen.

Seit Ende 2010 verfolgen die ISAF Staaten, in Abstimmung mit der Regierung Afghanistans, eine sogenannte Transitionsstrategie, benannt nach dem Dari und Paschtu Wort für Transition, *Inteqal*.

Hiernach soll bis 2014 die Sicherheitsverantwortung graduell von NATO geführten Kräften auf afghanische Einrichtungen übergehen (NATO 2010b). Die Allianz soll somit über diesen Zeitraum in den Hintergrund treten, um schließlich lediglich noch unterstützend zu wirken. Der Übergabeprozess verläuft hierbei auf Grundlage von Kriterien, die belegen sollen, welche Gebiete Afghanistans reif für die Transition sind. Im Wesentlichen sind die relevanten Kriterien, dass die afghanischen nationalen Sicherheitskräfte in der Lage sein sollen, unter ziviler Führung den auftretenden Sicherheitsbedrohungen zu begegnen; dass die afghanische Regierung die Herrschaft des Rechts durchsetzen und Verwaltungsaufgaben erfolgreich wahrnehmen kann; und dass wirtschaftliche Fortschritte und Entwicklung sichtbar werden. Abgesehen davon, dass der Prozess der Transition bis Ende 2014 abgeschlossen sein soll, gibt es keinen festgelegten Zeitplan und keine Reihenfolge der zu übergebenden Gebiete. *Inteqal* bedeutet aber noch keinen kompletten Abzug der NATO Truppen, da ein Teil auch nach der Übergabe in unterstützenden Funktionen tätig sein wird. Zudem werden, während der Transitionsprozess im Gange ist, freiwerdende NATO Kräfte unter Umständen in noch weniger gesicherte Gebiete verlegt, um dort den Fortschritt in Richtung Übergabe zu beschleunigen.

Der Afghanistaneinsatz hat dazu geführt, dass Alliierte sich gegenseitig vorwerfen, den Grundgedanken der Bündnissolidarität in Frage zu stellen, damit eine Lagerbildung innerhalb der NATO zu riskieren, und somit schlussendlich die Kernfunktionen des Bündnisses selbst zu untergraben. Ist die NATO also an die Grenzen ihrer Leistungsfähigkeit gestoßen? Seit sie im August 2003 die Führung des VN-mandatierten ISAF Einsatzes übernommen hat, tut sich das Bündnis schwer, die im multinationalen Rahmen beschlossene Strategie umzusetzen. Kritiker behaupten, dass die NATO am Hindukusch zum Scheitern verurteilt ist und dies wohlmöglich das letzte Mal war, dass sich die Regierungen der Mitgliedstaaten auf einen derartigen Einsatz einlassen. Einige Autoren kommen zu dem Schluss, der Afghanistaneinsatz stelle potentiell die kollektive Identität des ,Westens' in Frage (Williams 2009: 121).

Natürlich muss darauf hingewiesen werden, dass der Erfolg einer Strategie auch vom Verhalten anderer Akteure abhängt, die

Umsetzung also nie vollständig von der NATO und ihren Mitgliedstaaten kontrolliert werden kann. In Afghanistan ist die internationale Staatengemeinschaft auf vielfältige Weise engagiert, hinzu
kommt eine fast unüberschaubare Menge an Nichtregierungsorga-
nisationen. Die Regierung Afghanistans und des Nachbarlandes
Pakistan erweisen sich als prekäre Partner, was die Arbeit der NATO
zusätzlich erschwert. Ein weiteres Problem der NATO ist sicherlich,
dass sie stellvertretend für die internationale Gemeinschaft von der
Weltöffentlichkeit in die Verantwortung genommen wird, auch
wenn die Allianz nur einen von vielen notwendigen Beiträgen zum
Erfolg in Afghanistan leisten kann. Daraus erklärt sich aber keinesfalls, warum es der Allianz nicht gelingt, eine einstimmig beschlossene Strategie kohärent zum Einsatz zu bringen (Noetzel und
Schreer 2009a: 215; 2009b: 530). Der Wandel der NATO von einer
Institution zur kollektiven Verteidigung hin zu einem institutionalisierten Handlungsrahmen zur multinationalen Sicherheitsvorsorge
hat also zentrifugale Kräfte an die Oberfläche befördert.

Wenn nationale Positionen innerhalb der NATO zu sehr ausei-
nander driften, dann dürften die erforderlichen Kompromisse eine
gemeinsame Strategie im Extremfall unmöglich machen: „Member
states make strategy largely based on considerations of national
interests rather than on common NATO policy. ISAF has turned
into an operation that is being conducted by NATO members but
not necessarily by the alliance as a whole" (Noetzel und Schreer
2009b: 534). Der ISAF Einsatz ist somit in der Tat zugleich die
schwierigste Operation der NATO und eindeutiges Signal der globalen Ambitionen des Bündnisses.

5.5 Maritime Einsätze: Piraterie- und Terrorismusbekämpfung

Die Seestreitkräfte der NATO Mitglieder müssen eine Vielzahl von
Aufgaben abdecken. Neben den klassischen Verteidigungsaufga-
ben gehören dazu sowohl die Unterstützung von Hilfseinsätzen,
als auch Operationen zur Bekämpfung von Piraterie und Terrorismus. Letztere haben in der *Operation Active Endeavour* und verschiedenen Anti-Piraterie Operationen ihre Umsetzung gefunden.

Die 2011 neu aufgelegte Marinestrategie (NATO 2011a) betont die vier Kernaufgabenbereiche Abschreckung und kollektive Verteidigung, Krisenmanagement, kooperative Sicherheit und Partnerschaften sowie Aufgaben der maritimen Sicherheit.

Der Einsatz *Active Endeavour* im Mittelmeer erschließt sich vor dem Hintergrund der Terroranschläge vom 11 September 2001. Im Anschluss an die Ausrufung des Verteidigungsfalls nach Artikel 5 des Nordatlantikvertrages setzte die NATO im Oktober 2001 Seestreitkräfte zur Überwachung des östlichen, ab 2004 des gesamten, Mittelmeeres ein, um terroristische Aktivitäten abzuschrecken und zu unterbinden. Zwischenzeitlich, von 2003 bis 2004, wurde *Active Endeavour* auch zur Eskorte von Schiffen durch die Straße von Gibraltar eingesetzt, um terroristische Anschläge an dieser Meerenge zu verhindern. Wenngleich der Abschreckungseffekt der Operation schwer zu belegen ist, so lässt sich in der Gesamtschau doch sagen, dass *Active Endeavour* durch schiere Präsenz einen Beitrag zur Sicherheit im Mittelmeer leistet. Außerdem wirkt sich die fortgesetzte Zusammenarbeit der alliierten Seestreitkräfte positiv auf die Interoperabilität derselben aus und bietet gleichzeitig eine Möglichkeit, Drittstaaten einzubinden. So haben sich zum Beispiel russische und ukrainische Schiffe zeitweise beteiligt (NATO 2008b).

Die in der öffentlichen Wahrnehmung wesentlich sichtbareren maritimen Einsätze dienten der Piraterieabekämpfung. Nach einer Anforderung durch den VN Generalsekretär Ban Ki-moon stellte die NATO im Rahmen der *Operation Allied Provider* von Oktober bis Dezember 2008 Eskorten für Hilfslieferungen des VN Welternährungsprogramms nach Somalia, um die betreffenden Schiffe so vor Angriffen durch Piraten vor der Küste Somalias zu schützen. Hieran schloss sich *Operation Allied Protector*, März bis August 2009, an, die mit einem generelleren Mandat zum Schutz der Seehandelsrouten in der Region versehen wurde. Seit August 2009 wird dieses Mandat durch die *Operation Ocean Shield* durchgeführt, die zunächst bis Ende 2012 mandatiert ist. Im Rahmen von *Ocean Shield* hat die NATO auch begonnen, Staaten in der Region Hilfe bei der Ausbildung lokaler Sicherheitskräfte, zum Beispiel im Bereich Küstenwache, anzubieten.

Die Einsätze haben dazu beigetragen, dass die Anzahl der erfolgreichen Angriffe von Piraten auf Handelsschiffe im Golf von Aden zunächst zurückgegangen sind. Allerdings scheint lediglich ein Verdrängungseffekt eingesetzt zu haben. Piraten agieren nun erfolgreich über größere Reichweiten und unter Nutzung sogenannter Mutterschiffe, die als hochseetaugliche schwimmende Basen für den Einsatz kleiner Boote dienen. Eine Lösung der Piraterieproblematik lässt sich nicht auf See alleine erreichen, sondern muss Anstrengungen an Land, wie z.B. im Hinblick auf Somalia, umfassen. Die NATO hat dies mit dem Angebot zur Unterstützung lokaler Sicherheitskräfte berücksichtigt. Zugleich lässt sich in diesem Zusammenhang aber anmerken, dass ein umfassendes Engagement vermutlich leichter durch die EU zu bewerkstelligen ist, die neben ihrem eigenen Marine-Einsatz *Atalanta* im April 2010 mit der Ausbildung lokaler Sicherheitskräfte begonnen hat und außerdem in der Lage gewesen ist, mit verschiedenen afrikanischen Staaten Abkommen über die strafrechtliche Verfolgung von Piraten zu treffen.

5.6 Unterstützende Einsätze

Zusätzlich zu den beschriebenen Krisenmanagementeinsätzen hat die NATO eine Reihe von unterstützenden Einsätzen durchgeführt. So wurden im Zeitraum September bis Oktober 2005 Elemente der *NATO Response Force* (NRF) eingesetzt, um die medizinische und logistische Versorgung in den vom Sturm *Katrina* besonders betroffenen US Bundesstaaten Louisiana und Mississippi zu unterstützen. Kurz darauf gab es einen weiteren Einsatz von Teilen der NRF, um nach schweren Erdbeben in Pakistan Katastrophenhilfe zu leisten. Nach einer Anfrage durch die pakistanische Regierung waren von Oktober 2005 bis Anfang Februar 2006 ungefähr 1.000 NATO Soldaten mit logistischen und medizinischen Aufgaben betraut. In diesem Zeitraum wurden nach NATO Angaben 3.500 Tonnen Hilfsgüter transportiert und 160 Hilfsflüge durchgeführt. Hierbei wurden 7.600 Menschen transportiert und ungefähr 8.000 Patienten im Katastrophengebiet behandelt.

Um den Einsatz der Afrikanischen Union in Darfur zu unterstützen, übernahmen NATO Kräfte im Zeitraum Juni 2005 bis Dezember 2007 sowohl Ausbildungs- als auch Lufttransportaufgaben, allerdings ohne NATO Personal in Darfur zu stationieren. Die NATO bildete afrikanisches Personal, insgesamt ca. 250 Personen, in Fragen der strategischen und operativen Planung und im Informationsmanagement aus. Im Einsatzzeitraum wurden durch die NATO ungefähr 31.500 afrikanische Kräfte per Lufttransport verlegt. Mit der Überführung der AU Mission AMIS in die VN Mission UNAMID endete wie geplant die Unterstützung durch die NATO. Auch die AU Mission in Somalia, AMISOM, erhielt Zugang zu NATO Lufttransportkapazitäten im Zeitraum 2007 bis 2010. Sie bildet somit ein weiteres Beispiel der direkten Unterstützung anderer regionaler Sicherheitsakteure mit militärischen Fähigkeiten der NATO.

Die *NATO Training Mission Iraq* (NTM-I) wurde auf Bitten der irakischen Übergangsregierung im Sommer 2004 eingesetzt. Ihr Schwerpunkt liegt in der Ausbildung irakischer Sicherheitskräfte und der Koordination von Ausrüstungsspenden. Ausbildungsmaßnahmen werden sowohl im Irak als auch in Drittstaaten durchgeführt. Seit 2007 erstreckt sich NTM-I auch auf die Ausbildung von Gendarmerie-Einheiten, welche die Lücke zwischen militärischen und polizeilichen Fähigkeiten schließen sollen. Ende 2008 reagierte die NATO erneut auf eine Anfrage der irakischen Regierung und weitete NTM-I nochmals aus, um auch Ausbildungsmaßnahmen für Marine und Luftwaffe anzubieten sowie beim Aufbau entsprechender Institutionen unterstützend zu agieren. Im Vergleich zu den tiefen Zerwürfnissen die der Irakkrieg von 2003 in der NATO hervorgerufen hat, bietet NTM-I eine relativ unkontroverse Möglichkeit, die Allianz in die weitere Stabilisierung des Irak einzubinden.

5.7   Schlussbemerkungen Einsätze

Während der Fertigstellung dieses Buchs übernahm die NATO am 27 März 2011 die Führung aller militärischen Operationen gegen das Gaddafi Regime in Libyen. Eine fundierte Beurteilung kann an dieser Stelle noch nicht vorgenommen werden. Trotzdem kann auch im Falle dieses Einsatzes, *Operation Unified Protector*, bereits auf einige wiederkehrende Faktoren hingewiesen werden. Der NATO geführte Einsatz auf Grundlage der VN Sicherheitsratsresolutionen 1970 und 1973 bestand zu diesem Zeitpunkt aus der Überwachung eines Waffenembargos gegen das lybische Regime, der Aufrechterhaltung einer Flugverbotszone über Libyen und militärischen Aktionen zum Schutz der Zivilbevölkerung vor Angriffen oder drohenden Angriffen. Anfang April 2011 beteiligten sich 195 Flugzeuge und 18 Schiffe an dem Einsatz. Allerdings hatten zu diesem Zeitpunkt lediglich die USA, Belgien, Dänemark, Frankreich und Großbritannien Kampfeinsätze gegen Kräfte des Gaddafi Regimes geflogen. Auch dieser Einsatz führte die NATO aufgrund der unterschiedlichen Positionen ihrer Mitglieder an den Rand einer politischen Krise. NATO Kreise ließen sich mit der Aussage zitieren „die größte Krise der Nato" stünde bevor und Medienberichte fragten, ob „die Nato überhaupt noch ein ernst zu nehmender Machtfaktor" sei (Zeppelin und Hecking 2011), da ihre Mitgliedstaaten trotz des formell einenden multilateralen Rahmens in eine Vielzahl von nationalen, sich teilweise wiedersprechenden, Positionen die Rolle der NATO in der Libyenkrise betreffend, ergingen.

Seit Mitte der 1990er Jahre haben eine Vielzahl von Sicherheitsbedrohungen Operationen der NATO ausgelöst. Ihnen allen ist gemein, dass sie die Sicherheit der NATO Mitgliedstaaten nicht im existentiellen Sinne bedroht haben. Die NATO benötigt Einstimmigkeit, um diese Einsätze ins Leben zu rufen. Den notwendigen politischen Konsens herzustellen ist immer wieder aufs Neue eine immense Herausforderung, gerade weil die Operationen nicht der Bündnisverteidigung im eigentlichen Sinne entsprechen. Sowohl im Falle Bosniens 1995, als auch Kosovos 1999, Afghanistans seit 2003 und Libyens 2011 werden die Entscheidungen für den Einsatz als auch die Operation selbst von heftigen politisch-militärischen Debatten begleitet, die immer wieder ein eher heterogenes Bild der Interessen und Handlungspräferenzen der einzelnen Mitgliedstaaten zeichnen. Wiederholt sahen Beobachter die NATO in einer tiefen Krise ob dieser Differenzen. Wann und wo muss eingeschritten werden? Welche Interessen und Wertvorstellungen legitimieren die Anwendung militärischer Gewalt? Welche Mandate sind nötig? Welche Kosten, sowohl finanzieller Art als auch in Form von Menschenleben, sind tragbar?

Diese Fragen gewinnen zusätzliche Dimensionen, wenn das militärische Instrument im Einsatz nicht das Fortbestehen der eigenen Staats- und Gesellschaftsform, die Unverletzlichkeit des eigenen Territoriums und den Schutz der Bevölkerung der NATO Staaten gewährleistet. Politische Spaltungserscheinungen sind vor diesem Hintergrund zu erwarten und diese zentrifugalen Tendenzen werfen die Frage auf, ob die NATO generell in der Lage ist, optionale, gewählte Kriege zu führen. Wie der Politikwissenschaftler Dana Allin mit Blick auf die Balkaninterventionen der NATO schrieb, eine Politik durch Konsens zwischen Regierungen ist „schlecht geeignet für die schmerzlichen und kontroversen Entscheidungen, die Krieg führen verlangt" (Allin 2002: 19, Übersetzung des. Verf.). Während die von der NATO nach Ende des Kalten Krieges unternommenen Einsätze also auf der einen Seite das primäre und sichtbarste Aushängeschild sind, das den Wandel vom kollektiven Verteidigungsbündnis zu einer modernen Organisation der Sicherheitsvorsorge unterstreicht, so stellen sie auf der anderen eine beträchtliche Herausforderung für die Effektivität der Institution NATO dar (Latawski und Smith 2003: 48-49).

6 Partnerschaftsprogramme der NATO

Seit Anfang der 1990er Jahre richtet die NATO durch eine Reihe von Partnerschaftsprogrammen ein vielfältiges Kooperationsangebot an interessierte Staaten. Partnerschaftsprogramme dienen in ihren verschiedenen Ausprägungen der Erfüllung mehrerer Zwecke im Hinblick auf Staaten, die nicht selbst Bündnismitglieder sind. Die Kernpunkte sind eine generelle Zusammenarbeit zu sicherheitspolitischen Themen, die Befähigung zu militärischer Zusammenarbeit, die Einbindung von Beiträgen aus Drittstaaten zu NATO geführten Einsätzen sowie die Vorbereitung auf Erweiterungsrunden der Allianz. Partnerschaften sind zwar nicht mit einer Vorstufe zur Mitgliedschaft zu verwechseln, haben aber in einigen Fällen durch Anpassungsleistungen auf beiden Seiten den Beitritt neuer Mitglieder aber wesentlich strukturiert. Die Mitwirkung von Staaten außerhalb der NATO an Einsätzen ist mit der Übernahme komplexer Krisenmanagementoperation durch das Bündnis, wie z.B. in Afghanistan, mittlerweile alltägliche Realität. So stellten im Mai 2011 19 Drittstaaten insgesamt über 4.500 Soldaten im Rahmen der ISAF Mission. Ihre Einbindung im militärischen und politischen Sinne ist somit einerseits von Bedeutung. Andererseits ist aber auch der Tendenz entgegenzuwirken, dass die Bedeutung von Partnerstaaten lediglich durch die Brille ihres einsatzrelevanten Beitrages gesehen wird.

Bereits der Bericht der Expertengruppe um Madeleine Albright vom Mai 2010 hat versucht, den Gedanken der Partnerschaften noch stärker in der NATO Strategie zu verankern, und sprach, auch im Hinblick auf die Kooperation der NATO mit den VN, der EU und der OSZE (siehe hierzu Kapitel 7), von „einer neuen Ära der Partnerschaften" (Group of Experts 2010: 10, Übersetzung des Verf.). Das neue strategische Konzept der NATO vom November 2010 erhob dann die kooperative Sicherheit, umgesetzt durch Partnerschaften, zu einer der drei Kernaufgaben der Allianz. Um diesen Anspruch mit Leben zu füllen, verabschiedete die NATO im April 2011 ein neues Partnerschaftskonzept. Dieses Kapitel widmet sich den wichtigsten Partnerschaftsprogramme der NATO und beleuchtet in einem ersten Abschnitt das *Partnership for Peace* (PfP) Programm und den *Euro-Atlantic Partnership Council* (EAPC). In einem zweiten Abschnitt wird die Perspektive auf den Mittelmeer Dialog der NATO (MD) und die *Istanbul Cooperation Initiative* (ICI) ausgeweitet. Daran schließt sich eine Betrachtung der Beziehungen zwischen der Allianz und einigen ausgewählten globalen Partnern. Abgeschlossen wird das Kapitel durch eine Analyse der neuen Partnerschaftspolitik, wie sie auf dem Außenministertreffen der NATO in Berlin im April 2011 beschlossen wurde.

6.1 Partnerschaft für den Frieden und Euro-Atlantischer Partnerschaftsrat

Das PfP Programm, 1994 ins Leben gerufen, spielte eine wichtige Rolle bei der Vorbereitung bei der Vorbereitung der NATO Osterweiterung. Das Rahmendokument (NATO 1994a) sah eine enge Zusammenarbeit mit Drittstaaten in den Bereichen Verteidigungsplanung, Verteidigungshaushalt, demokratische Kontrolle der Streitkräfte und Beiträge zu Krisenmanagementeinsätzen vor und wollte durch Ausbildungsinitiativen und militärische Übungen die Fähigkeit zur Zusammenarbeit zwischen der NATO und den PfP Mitgliedern stärken. Hierbei sind zwei Grundprinzipien von entscheidender Bedeutung: zum einen standen alle angebotenen Kooperationsmechanismen allen Partnern offen und zum anderen konnten diese in Zusammenarbeit mit der NATO ein individuelles bilaterales Programm zusammenstellen, also eine Selbstdifferenzierung vornehmen (Akcapar 2001: 275). Wie die NATO in ihrem Einladungsschreiben darlegte (NATO 1994b), würde die Mitwirkung an PfP eine Rolle bei, damals noch nicht beschlossenen, Erweiterungsüberlegungen der Allianz spielen.

Der damalige US Präsident Clinton erklärte auf dem NATO Gipfeltreffen 1994, PfP „sets in motion a process that leads to the enlargement of NATO" (zitiert in Asmus 2002: 65). In den Augen mehrerer NATO Mitglieder bot PfP die Möglichkeit, eine Erweiterungsdiskussion in Gang zu bringen, ohne jedoch übermäßig aggressiv gegenüber Russland auftreten zu müssen. Trotzdem waren die Staaten in Mittel- und Osteuropa, welche die NATO Mitgliedschaft suchten, von diesem Kooperationsangebot zunächst enttäuscht. Die Ausrichtung des Programms auf Interoperabilität und Friedenseinsätze bei gleichzeitig fehlender eindeutiger Perspektive der Mitgliedschaft wirkte wie ein Versuch der NATO, mögliche Neumitglieder hinzuhalten. Wie Asmus ausführt, war es zum Zeitpunkt, zu dem PfP begonnen wurde, noch keinesfalls klar, ob eine Erweiterung stattfinden und wie diese vonstatten gehen würde (Asmus 2002: 54-55, 59). Gleichzeitig rief PfP sogar ohne eine explizite Erweiterungszusage einige Stimmen in Russland auf den Plan, die hier eine versteckte Expansionsabsicht der NATO vermuteten. Somit schien der Versuch der NATO, sowohl potenzielle Mitgliedskandidaten als auch Russland durch PfP gleichermaßen zu beruhigen, zunächst nicht zu gelingen (Akcapar 2001: 280).

In der Rückschau zeigt sich allerdings, dass PfP ein außerordentlich erfolgreiches Projekt war, von dem sowohl die NATO als auch die teilnehmenden Drittstaaten profitierten. Latawski und Smith (2003: 51) verweisen auf einen Sozialisierungsprozess, der durch die beständige Interaktion im PfP Rahmen einsetzte und zur wechselseitigen Anpassung der Positionen führte. Seit 1994 traten 34 Staaten in das PfP Programm ein, von denen 12 mittlerweile NATO Mitglieder geworden sind. Es finden sich aber auch Staaten in dieser Gruppe, die auf absehbare Zeit nicht das Ziel einer NATO Mitgliedschaft anstreben bzw. diese sogar ablehnen. So sind zum Beispiel auch Russland und Serbien oder Österreich und die Schweiz unter den PfP Staaten, die aus völlig unterschiedlichen Gründen kein Interesse an einer Mitgliedschaft zeigen, die aber eine Kooperation als vorteilhaft ansehen. Dies bedeutet, dass es der NATO gelungen ist, mit Hilfe des PfP unterschiedliche Kooperationsanliegen verschiedener Staaten zu bedienen.

Tabelle 5:   Mitglieder des Partnership for Peace Programms

Land	Beitritt PfP
Albanien (4)	23.02.94
Armenien	05.10.94
Aserbaidschan	04.05.94
Belarus	11.01.95
Bosnien und Herzegowina	14.12.06
Bulgarien (3)	14.02.94
Ehemalige Jugoslawische Republik Mazedonien (1)	15.11.95
Estland (3)	03.02.94
Finnland	09.05.94
Georgien	23.03.94
Irland	01.12.99
Kasachstan	27.05.94
Kirgisien	01.06.94
Kroatien (4)	25.5.00
Lettland (3)	14.02.94
Litauen (3)	27.01.94
Malta	26.04.95
Moldawien	16.03.94
Montenegro	14.12.06
Österreich	10.02.95
Polen (2)	02.02.94
Rumänien (3)	26.01.94
Russland	22.06.94
Schweden	09.05.94
Schweiz	11.12.96
Serbien	14.12.06
Slowakei (3)	09.02.94
Slowenien (3)	30.03.94
Tadschikistan	20.02.02
Tschechische Republik (2)	10.03.94
Turkmenistan	10.05.94
Ukraine	08.02.94
Ungarn (2)	08.02.94
Uzbekistan	13.07.94

(1)Die Türkei erkennt die Republik Mazedonien unter ihrem verfassungsmäßigen Namen an.

(2) Diese Länder sind der NATO 1999 beigetreten.

(3) Diese Länder sind der NATO 2004 beigetreten.

(4) Diese Länder sind der NATO 2009 beigetreten.

Quelle: NATO, http://www.nato.int/pfp/sig-cntr.htm (24.05.11)

Ein weiteres wichtiges Konsultationsforum ist der 1997 gegründete EAPC, der als Nachfolger des bereits 1991 ins Leben gerufenen *North Atlantic Cooperation Council* (NACC) dazu dient, den sicherheitspolitischen Dialog zwischen der NATO und Partnerstaaten zu vertiefen (NATO 1997b). Der EAPC tritt in der Regel einmal im Monat auf Botschafterebene zusammen und darüber hinaus jährlich im Format der Außenminister. In Ausnahmefällen kann auch ein Treffen auf Ebene der Staats- und Regierungschefs stattfinden. Neben diesen unterschiedlichen Ebenen können auch die Formate variieren. So gibt es Plenarsitzungen, thematisch fokussierte Treffen zwischen der NATO und einer Gruppe von Partnerstaaten sowie Treffen zwischen der NATO und einzelnen Partnern. Im Wesentlichen zielt der EAPC darauf ab, politische Konsultationen zwischen NATO Mitgliedern und Partnern auf eine qualitativ neue Ebene zu stellen. Er bietet ein institutionalisiertes Forum zum Meinungsaustausch und auch hier gilt das Prinzip der Selbstdifferenzierung, wie die unterschiedlichen Formate deutlich machen. Im Vergleich zu PfP ist der EAPC als übergeordneter Diskussionsrahmen zu verstehen. PfP Staaten wurden automatisch auch Mitglieder des EAPC. Von einigen Autoren wird ihm somit eine Bedeutung zugemessen, die weit über den bloßen politischen Austausch und die Abstimmung von Positionen hinausgeht. De Dardel bezeichnet ihn zum Beispiel als „cradle for the enlargement process and for the contribution of partners to NATO-led operations. It has brought interoperability to levels hitherto unknown and is impacting on both training and procurement policies" (De Dardel 2009: 27).

6.2 Mittelmeer Dialog und Istanbul Kooperations Initiative

Da nach Ansicht der NATO Mitglieder die Euro-Atlantische Sicherheit direkt mit dem Mittelmeerraum verbunden ist, zum Beispiel im Hinblick auf die Themenfelder Energiesicherheit, Migrationsbewegungen und Terrorismus, wurde 1994 der sogenannte Mittelmeerdialog initiiert. Die teilnehmenden Partnerstaaten sind Algerien, Ägypten, Israel, Jordanien, Marokko, Mauretanien, und Tunesien. Hauptsächliche Antriebskraft ist es, durch Dialog ein besseres Verständnis unter den beteiligten Staaten und der NATO füreinander zu schaffen und hierdurch einen Beitrag zu regionaler Sicherheit zu leisten. Im Vergleich zu PfP und EAPC ist der Mittelmeerdialog primär eine bilaterale Kooperationsstruktur, d.h., wenngleich multilaterale Treffen zwischen der NATO und den Partnerstaaten vorgesehen sind, finden sie zumeist zwischen der NATO und einzelnen Staaten in der Formel NATO + 1 auf Botschafter- oder Arbeitsebene statt. Allen teilnehmenden Staaten stehen sämtliche angebotenen Aktivitäten offen; auch hier gilt also das Prinzip der Selbstdifferenzierung. Im Juli 1997 richtete die NATO die Mittelmeerkooperationsgruppe ein, welche die Aktivitäten des Mittelmeerdialogs steuert und plant. Im Jahre 2002 erfolgte ein Beschluss der Außenminister der NATO-Staaten, die praktische und politische Dimension des Dialoges durch neue Themen zu erweitern, eine Stoßrichtung, die auf dem Istanbuler Gipfeltreffen 2004 nochmals verstärkt wurde.

Die Themenbereiche, die in jährlichen Arbeitsprogrammen bearbeitet werden, umfassen den Informationsaustausch zu spezifischen Fragen von Grenzsicherheit, Proliferation von Waffen, Terrorismus und auch Verteidigungsreform sowie zivile Notfallplanungen. Dem hinzuzufügen sind militärische Aktivitäten, die es Partnerstaaten erlauben, an NATO Übungen teilzunehmen oder diese zu beobachten und Teilnehmer in Ausbildungseinrichtungen der NATO zu entsenden.

Der Mittelmeerdialog litt von Beginn an unter der Tatsache, dass ein gemeinsames Verständnis des Kooperationszwecks schlussendlich nicht hergestellt werden konnte. Während die NATO auf der einen Seite versucht, durch eine Geflecht an Kooperationsbeziehungen einen langfristigen Vertrauensgewinn zu schaffen, erwarten Partnerstaaten im Mittelmeerdialog eher Problemlösungen: „Europa und die Vereinigten Staaten glauben anscheinend, dass der politische Dialog, Diskussionen und der Informationsaustausch den Ausgangspunkt dafür bilden müssen, dass im Rahmen der Beziehungen Vertrauen hergestellt wird und konstruktive Zusammenarbeit gefördert werden kann. Im Gegensatz dazu wollen die arabischen Dialogpartner lieber sofort mit den schwierigen Fragen beginnen, vor allem mit Fragen im Zusammenhang mit dem arabisch-israelischen Konflikt" (Said 2004). Papenroth (2004: 2) führt als weitere wesentliche Kritikpunkte „mangelnde Information über strategische Entwicklungen, Absichten und Ziele der NATO im Mittelmeerraum; fehlende Konsultation bei der Konzept- und Programmerweiterung im Rahmen des Dialoges; unzureichende Berücksichtigung der Bedürfnisse der Dialogländer bei der Angebotserstellung" an. Gemessen am eigentlichen Anspruch des Mittelmeerdialogs fällt die Bilanz also unbefriedigend aus. Es scheint, dass es der NATO nicht gelungen ist, mehr Verständnis für ihre eigene Rolle im Mittelmeerraum zu schaffen und die Partnerstaaten fühlen sich ungenügend involviert.

Im Vorfeld des Gipfeltreffens 2004 in Istanbul gab es Bestrebungen den Mittelmeerdialog auf weitere Partner, nämlich Golfanrainerstaaten, auszuweiten. Doch konnte in dieser Hinsicht keine Einigkeit zwischen den Alliierten hergestellt werden, da einige NATO Mitglieder an der bisherigen Ausgestaltung fest halten wollten. Bei aller Unzufriedenheit mit den bis dato erzielten Ergebnissen standen auch die Partnerstaaten einer Ausweitung kritisch gegenüber, da sie eine Verwässerung ihres Einflusses befürchteten (Papenroth 2005: 9). Um dennoch ein Kooperationsangebot an die Golfstaaten richten zu können, wurde als separates Forum die *Istanbul Cooperation Initative* (ICI) ins Leben gerufen, die ähnliche Ziele wie der Mittelmeerdialog verfolgt.

ICI ist ausschließlich als bilaterale Kooperationsinitiative nach der Formel NATO + 1 zu verstehen und richtet sich an Staaten im Nahen Osten und der Golfregion. Der ICI gehören die Staaten Bahrain, Katar, Kuweit, und die Vereinigten Arabischen Emirate an. Oman und Saudi Arabien zeigen ebenfalls Interesse, sind aber bisher nicht beigetreten. Die NATO erklärte das Rational der ICI im Wesentlichen mit zwei Punkten. Zum einen soll durch praktische Aktivitäten die Fähigkeit der Streitkräfte der Partnerstaaten zur Zusammenarbeit mit NATO Kräften gestärkt werden (NATO 2004: Par. 5). Hiervon verspricht sich die NATO einen Beitrag zu Operationen, aber auch Kooperation bei der Terrorismusbekämpfung und der Bekämpfung von illegalem Waffenhandel und der Verbreitung von Massenvernichtungswaffen. Zum anderen bietet die NATO den Partnerstaaten Unterstützung bei der Terrorismusbekämpfung an und offeriert neben dem sicherheitspolitischen Dialog auch Ausbildungsunterstützung (NATO 2004: Par. 6).

Bilaterale Aktivitäten zwischen der NATO und den ICI Partnerstaaten umfassen sechs Kernbereiche (NATO: ohne Datum), die sich in den individuellen Kooperationsprogrammen der einzelnen Partnerstaaten niederschlagen. Erstens können die Partner durch die NATO in Fragen der Verteidigungsreform und -planung beraten werden. Zweitens soll auch hier die Interoperabilität zwischen den Streitkräften durch Ausbildungs- und Übungsmaßnahmen gestärkt werden. Drittens soll nachrichtendienstliche Kooperation zur Terrorismusbekämpfung beitragen. Viertens soll es nicht näher spezifizierte Zusammenarbeit bei der Bekämpfung der Verbreitung von Massenvernichtungswaffen geben. Fünftens gibt es Aktivitäten im Bereich der Grenzsicherheit, die helfen sollen, illegalen Waffenhandel und grenzüberschreitenden Terrorismus zu unterbinden. Schließlich können Partnerstaaten, sechstens, an Ausbildungskursen im Feld der zivilen Katastrophenhilfe teilnehmen. Analog zur Mittelmeerkooperationsgruppe gründete die NATO eine ICI Gruppe, welche die praktische Umsetzung der Kooperationsprogramme sicherstellt und plant.

Auch in Hinblick auf den eher begrenzten Erfolg der ICI setzt sich die Parallele zum Mittelmeerdialog fort. Zu einem nicht unerheblichen Teil ist dieser Umstand auch den generell schwierigen Kooperationsbedingungen in der Region geschuldet. Fehlende Fortschritte im Nahost-Friedensprozess werfen einen langen Schatten auf Mittelmeerdialog und ICI, da „both publics and elites across the Mediterranean seem deeply suspicious of NATO" (De Dardel 2009: 29). Die Zielsetzungen der NATO in der Region bleiben also unpräzise und eventuell auch missverständlich, zumindest in den Augen der dortigen Bevölkerungen. Somit haben Mittelmeerdialog und ICI zwar Fortschritte auf der Ebene des politischen Informationsaustauschs vorzuweisen, bleiben aber auf der Ebene der praktischen politischen und militärischen Kooperation hinter den Erwartungen zurück.

6.3 Globale Partner der NATO

Neben den formalisierten Partnerschaftsprogrammen unterhält die NATO bilaterale Kooperationsbeziehungen mit einer Reihe von Staaten. Diese wurden seit 1998 unter dem Begriff Kontaktstaaten geführt, werden nun aber als globale Partner bezeichnet. Die NATO führt in dieser Kategorie gegenwärtig Afghanistan, Australien, Irak, Japan, Neuseeland, Pakistan und Südkorea an. Afghanistan und Irak erlangen Bedeutung durch die operativen Aktivitäten der NATO und auch die Aufnahme Pakistans erschließt sich hauptsächlich aus seiner Rolle für die regionale Sicherheit inklusive des Konflikts in Afghanistan. Praktische Bedeutung erhält diese Verbindung sowohl aufgrund der grenzüberschreitenden Bewegungen von Gruppen von Aufständischen und Terroristen als auch wegen der Versorgungslinien für ISAF, die zum Teil durch Pakistan führen. Australien, Japan, Neuseeland und Südkorea beschreiben die ursprüngliche Gruppe der Kontaktstaaten und sind in diesem Zusammenhang besonders zu beachten.

Diese Staaten bildeten auch einen wesentlichen Bezugspunkt für hauptsächlich in den USA prominente Ideen, die NATO in Richtung eines globalen Handlungs- und Kooperationsmechanismus für nach Werten und Interessen gleichgesinnte Staaten auszubauen (Daalder und Goldgeier 2006). Allerdings konnte sich diese Sichtweise, oft verkürzt als globale Allianz der Demokraten wahrgenommen, nicht durchsetzen. Unter den NATO Mitgliedern tat sich besonders Frankreich mit Kritik an dieser Idee hervor, da eine globale Ausweitung enger Partnerschaften, selbst wenn sie nicht auf eine NATO Mitgliedschaft hinauslaufen, den Euro-Atlantischen Fokus der Allianz verwässern und damit den Kern der transatlantischen Beziehungen unterlaufen würden (Mowle und Sacko 2007: 599).

Dieser Meinungsunterschiede zum Trotz, intensivierte sich die Kooperation mit den ursprünglichen vier Kontaktstaaten beträchtlich und zwar angetrieben durch die Entwicklung des internationalen Sicherheitsumfeldes. Durch die operativen Krisenmanagementaufgaben der NATO, die nunmehr jenseits des Euro-Atlantischen Raums Wirkung entfalteten, und die sich darin widerspiegelnde Verschiebung von einem territorialen zu einem funktionalen Sicherheitsbegriff wuchs auch die Bedeutung der globalen Partner. Auch hier ist die verbesserte Zusammenarbeit zwischen NATO und Partnerstreitkräften mit Hinblick auf Einsätze ein wichtiges Merkmal. Andererseits bot die Kooperation mit der NATO den Partnerstaaten die Möglichkeit, im Rahmen von multinationalen Aktivitäten Verantwortung für internationale Stabilität und Sicherheit zu übernehmen, was gerade auch vor dem Hintergrund nach wie vor unterentwickelter regionaler Sicherheitsstrukturen in Asien von Bedeutung ist.

Auf dem Gipfeltreffen in Riga in 2006 entschieden die NATO Mitglieder, einen Teil der Kooperationsaktivitäten der formalisierten Kooperationsprogramme für die damaligen Kontaktstaaten zu öffnen, nicht zuletzt, um ihren operativen Beitrag in Afghanistan zu würdigen. Auch wenn diese bis zur Neuausrichtung der NATO Partnerschaftspolitik 2011 (siehe unten) nur einen Bruchteil der über 2.000 einzelnen Aktivitäten umfassten, so konnten die globalen Partner seit dem Gipfeltreffen in Bukarest in 2008 jährliche, nach ihren Vorstellungen individualisierte, Arbeitsprogramme mit der NATO vereinbaren.

Der ISAF Einsatz in Afghanistan hat sich vor allem für Australien und Neuseeland zur wesentlichen Triebfeder der Kooperation entwickelt. Australien stellte im Mai 2011 mit 1.550 Soldaten den größten Beitrag der Nicht-NATO Mitglieder und den zehntgrößten Beitrag aller Truppensteller. Die Bedeutung des australischen Beitrags wird nochmal dadurch gesteigert, dass er im stark umkämpften Süden Afghanistan und zudem ohne politische Beschränkungen (*caveats*) erfolgte. Somit erklärt sich auch, dass Australien auf eine stärkere Einbindung von Partnerstaaten in die operativen Entscheidungen der NATO und auf besseren Informationsaustausch drängte (NATO Parliamentary Assembly 2010: Par. 15-17). Auch Neuseeland, das die Führung eines PRT in der Provinz Bamiyan übernommen hat und sich unter anderem mit Spezialkräften am ISAF Einsatz beteiligt, bewertet seine Kooperation mit der NATO vor allem in diesem operativen Kontext (Ibid. Par. 24-25). Südkorea, das seine Beteiligung am ISAF Einsatz in 2007 zunächst abbrach, nachdem eine Gruppe Taliban koreanische Zivilisten getötet hatte, ist seit 2010 wieder aktiv und hat die Führung eines PRT in der Provinz Parwan übernommen. Führende Politiker Südkoreas haben über den Einsatz hinaus aber auch die Themenfelder Piraterie- und Terrorismusbekämpfung sowie die Bekämpfung der Weiterverbreitung von Massenvernichtungswaffen als besonders wichtig identifiziert (Ibid. Par. 29-30).

Japan stellt nimmt unter den ursprünglichen vier Kontaktstaaten eine Sonderstellung ein, da es vor allem am politischen Dialog mit der NATO interessiert ist. Aufgrund der verfassungsrechtlichen Bestimmungen in Japan sind dessen Streitkräfte im Wesentlichen auf die Aufgabe der territorialen Verteidigung festgelegt. Eine aktive militärische Rolle im ISAF Einsatz ist von daher nicht möglich und eine enge Bindung an das Bündnis erzeugt in Japan erheblichen innenpolitischen Rechtfertigungsbedarf. Somit hat sich die Intensität der NATO-Japan Beziehungen in der Vergangenheit auch immer sehr in Abhängigkeit von der persönlichen Herangehensweise der jeweiligen japanischen Führungsebene entwickelt und war gewissen Schwankungen unterworfen. Allerdings hat Japan mehrere Demobilisierungs- und Reintegrationsprojekte, die durch ISAF PRTs umgesetzt wurden, finanziert und NATO Truppen durch Versorgungsschiffe im indischen Ozean unterstützt. Generell ordnet die japanische Regierung ihr Engagement in multinationalen Foren eindeutig der bilateralen Sicherheitspartnerschaft mit den USA unter. Dies erklärt sich aus der Einschätzung, dass die regionale Sicherheitslage für Japan durch immer noch vorhandene konventionelle militärische Bedrohungen gekennzeichnet ist, mit der Straße von Taiwan, der Situation auf der koreanischen Halbinsel und strittigen Territorialfragen als besonderen Spannungspunkten (Ikegami 2007). Multinationale Kooperationsrahmen sind vor diesem Hintergrund allenfalls als ergänzendes Element zu sehen (Hughes 2004: 118; Nishihara 2006: 39-40).

Die Beziehungen zu den von der NATO ausdrücklich erwähnten globalen Partnern weisen somit unterschiedliche Herangehensweisen und Kooperationstiefen auf. Dieser Sachverhalt, wie auch die unterschiedliche Bedeutung, die einzelne NATO Mitglieder diesen Partnern zugestehen, trägt dazu bei, dass die globale Partnerschaft in der Vergangenheit nicht weiter formalisiert und institutionalisiert wurde (NATO Parliamentary Assembly 2010: Par. 33).

Somit ist es im engeren Sinne irreführend, von einer kohärenten Gruppe globaler Partner zu sprechen – es handelt sich vielmehr um ein Netz stark ausdifferenzierter bilateraler Beziehungen.

6.4 Neuausrichtung der Partnerschaftspolitik

Im Bemühen, die Anreize aus dem Report der Expertengruppe um Madeleine Albright aufzunehmen und den sich aus dem strategischen Konzept von 2010 ergebenden Auftrag umzusetzen, haben die Außenminister der NATO Mitglieder auf ihrem Treffen in Berlin am 15. April 2011 ein neues Konzept für die Partnerschaftspolitik verabschiedet. Geleitet von der Grundannahme, dass die NATO für die Erfüllung ihrer gegenwärtigen Aufgaben auf Partner angewiesen ist, sollen die bestehenden Programme fortentwickelt werden und gleichzeitig eine darüber hinaus gehende Ausdehnung der Aktivitäten erfolgen.

Wie der NATO Generalsekretär Rasmussen am Rande des Außenministertreffens in Berlin sagte, soll die NATO in die Lage versetzt werden, „to work on more issues, with more partners, in more ways" (NATO 2011b). Das mit dem Titel „Active Engagement in Cooperative Security" überschriebene neue Konzept erklärt dementsprechend die gleichzeitige Ausweitung und Vertiefung von Partnerschaften zum Hauptziel (NATO 2011c: Par. 2). Hieran schließen sich eine Reihe von Teilzielen an, die den politisch-militärischen Charakter der NATO, aber auch ihr Selbstverständnis als Wertegemeinschaft, hervorheben (Ibid. Par. 4). So sollen Partnerschaften einen Beitrag zu Sicherheit, Stabilität und Krisenprävention leisten und vertrauensbildend wirken. Des Weiteren sollen sie dazu dienen, demokratische Werte und Reformen zu befördern. Die NATO bietet die Zusammenarbeit bei sicherheitspolitischen Themen, aber auch besonders im Bereich der neuen Bedrohungen wie zum Beispiel Cybersicherheit, an. Als regionales Sicherheitsbündnis ist die NATO verständlicher Weise auch daran interessiert, den Gedanken der regionalen Sicherheitskooperation über den Euro-Atlantischen Raum hinauszutragen. Nach wie vor sollen Partnerschaftsprogramme aber auch der Vorbereitung zur NATO Mitgliedschaft dienen.

Auch die Unterstützung durch Beiträge von Partnern zu NATO geführten Operationen findet sich als Teilziel wieder und wird durch ein gesondertes politisch-militärisches Rahmendokument in Form eines Anhangs zum Partnerschaftskonzept weiter spezifiziert (NATO 2011c: Anhang). Dieses Dokument formalisiert die Rolle von Partnerstaaten in Operationen und soll ihre Rolle stärken. Für Staaten, die Truppen, militärische Fähigkeiten oder andere Mittel (zum Beispiel nicht-militärische Fähigkeiten) beisteuern, die vom Nordatlantikrat als für die jeweilige Operation nützlich angesehen werden, prägt die NATO den Begriff der operativen Partner (Ibid. Par. 4). Diese besondere Form der Partnerschaft beinhaltet die Einbeziehung in den gesamten Operationszyklus. Operative Partner können ihre Positionen zu Operationsplänen und Einsatzregeln vor der Entschlussfassung darlegen. Allerdings reicht ihre Mitsprache auch unter dem neuen Konzept nicht über die Entscheidungsvorbereitung hinaus – die Entscheidung selbst bleibt Prärogativ des Nordatlantikrats (Ibid. Par. 9, 12).

Der generelle sicherheitspolitische Dialog und die Kooperation in Einsätzen ergeben sich direkt aus den Zielen des Partnerschaftskonzepts. Als spezifischere thematische Prioritäten führt die NATO Verteidigungsreformen und den Aufbau von Kapazitäten sowie Maßnahmen zur Steigerung der Interoperabilität an. Auch die Bekämpfung des internationalen Terrorismus und der Weiterverbreitung von Massenvernichtungswaffen finden explizit Erwähnung. Die unter dem Begriff neue Bedrohungen zusammengefassten Komplexe Cybersicherheit, Energiesicherheit und maritime Sicherheit sowie zivile Notfallplanungen, vervollständigen die inhaltliche Ausrichtung (NATO 2011c: Par. 5).

Die NATO hat erklärt, dass die bestehenden oben diskutierten Partnerschaftsprogramme weiter bestehen sollen (Ibid. Par. 7). In ihrer Ausrichtung sollen sie einerseits zukünftig Partnern die Möglichkeit geben, verstärkt spezifisch betreffende sicherheitspolitische Themen zur Sprache zu bringen. Andererseits will die NATO besonders die Zusammenarbeit im Themenfeld neue Bedrohungen, auch innerhalb der bestehenden Formate, vorantreiben und außerdem ihre Unterstützung in den Bereichen Ausbildung, gemeinsame militärische Übungen und Kapazitätenausbau verbessern. Generell sollen in Zukunft sämtliche Kooperationsaktivitäten sämtlichen Partnern zur Verfügung stehen. In der Abstimmung ihrer individuellen Programme sollen die Partner also aus einem einheitlichen Menü auswählen können (Ibid. Par. 12-13). Die Grundprinzipien der Inklusivität und der Selbstdifferenzierung treiben also das gesamte Partnerschaftskonzept an, losgelöst von spezifischen Programmen.

Drei Entwicklungen sind vor diesem Hintergrund zu erwarten: erstens dürften die formell definierten Partnerschaftsprogramme trotz ihres Fortbestands an Bedeutung verlieren. Sie offiziell aufzugeben und abzuschaffen hätte sicherlich ein falsches Signal gesetzt. Das neue Partnerschaftskonzept bleibt aber eine Antwort hinsichtlich ihrer zukünftigen Relevanz schuldig. Zweitens dürfte es die *de facto* Zusammenführung aller Partnerschaftsformate unter einem globalen Dach erschweren, auf die Bedürfnisse der einzelnen Partner einzugehen, da sie eine zunehmend heterogene Gruppe mit entsprechend vielfältigen Interessen bilden. Drittens, ist eine hervorgehobene Sonderstellung der operativen Partner zu erwarten, welche die NATO nicht nur ideell und finanziell, sondern auch mit dem Einsatz ihrer eigenen Soldaten in Operationen einbringen.

7 Kooperation mit multilateralen Sicherheitsakteuren

Wie auch für die in Kapitel 6 besprochenen Partnerschaftsprogramme sind das sich wandelnde sicherheitspolitische Umfeld und die Einsätze der NATO die wesentliche Antriebskraft hinter den Bemühungen der Allianz, ihre Beziehungen mit anderen multilateralen Akteuren zu vertiefen. Hier stehen vor allem die VN, EU und OSZE im Vordergrund. Um mit den gegenwärtigen Sicherheitsproblemen umgehen zu können, ist die NATO auf politische Legitimität und auch Kapazitäten anderer Organisationen angewiesen. Anders lässt sich Erfolg im Einsatz, sei es in Afghanistan, Kosovo oder vor dem Horn von Afrika, nicht mehr erreichen. Die NATO hat, mit der Entscheidung auf dem Gipfeltreffen 2006 in Riga, einen umfassenden Ansatz (*comprehensive approach*) bei der Sicherheitsvorsorge zu verfolgen, diese Einsicht zu einem programmatischen Kernpunkt erhoben. Da der NATO und ihren Mitgliedern bewusst ist, dass die Allianz selbst nur über ein begrenztes Instrumentarium verfügt, kann sich das notwendige Zusammenwirken der unterschiedlichen wirtschaftlichen, politischen, nicht-militärischen und militärischen Mittel nicht aus der NATO selbst ergeben.

Nachfolgend auf das strategische Konzept (NATO 2010a), die kooperative Sicherheit im Zusammenwirken mit Partnern zu einer der drei Hauptaufgaben der NATO machte, führt die im April 2011 beschlossene Neuausrichtung der Partnerschaftspolitik drei Grundprinzipien im Hinblick auf die Zusammenarbeit mit anderen Institutionen an (NATO 2011c: Par. 9). Erstens sollen die verschiedenen multinationalen Organisationen komplementär genutzt werden, so dass sich ihre Aktivitäten gegenseitig unterstützen. Zweitens soll sich die Zusammenarbeit über den gesamten Konfliktzyklus erstrecken. Schließlich soll, drittens, ein besonderes Augenmerk auf Kapazitätsaufbau und Ausbildung gelegt werden.

Internationale Organisationen sind Instrumente ihrer Mitgliedstaaten. Das bedeutet, dass letztere auch die hauptsächliche
Verantwortung dafür tragen, sie sinnvoll und komplementär zu
nutzen. Im Folgenden werden immer wieder Beispiele deutlich, wo
dies aufgrund unterschiedlicher Vorstellungen der Mitglieder, die
Rolle der einzelnen Organisationen betreffend, nicht gelingt. Hinzu kommen aber auch bürokratische Interessen und Organisationskulturen, die ein Zusammenwirken gelegentlich erschweren. Es
zeigt sich, dass überlappende Aufgabengebiete die Kooperation
auf vielfältige Weise beeinflussen.

7.1 NATO-OSZE

Die Organisation für Sicherheit und Zusammenarbeit in Europa
(OSZE) ist in ihrer Bedeutung für regionale Sicherheitskooperation
zurückgefallen. Vorbei sind die Tage der frühen 1990er Jahre, in
denen der OSZE von einigen führenden europäischen Politikern
eine Zukunft als wichtigstes Element einer umfassenden Sicherheitsvorsorge auf dem europäischen Kontinent bescheinigt wurde.
Die OSZE entstand 1995 aus der nur schwach institutionalisierten
Konferenz für Sicherheit und Zusammenarbeit in Europa (KSZE),
die seit 1975, mit Unterzeichnung der Helsinki Schlussakte, als mul-
tilaterales Verhandlungsforum zwischen Ost und West fungierte.
Das Ende des Kalten Krieges löste einen Institutionalisierungsschub
aus, der die KSZE zur OSZE machte. Mit nunmehr 56 Mitgliedstaaten, inklusive aller EU Mitglieder, Russland und den USA, ist sie eine
wesentlich heterogenere Organisation als die NATO und EU.

Die OSZE bearbeitet sicherheitspolitische Fragen an Hand von
drei sogenannten Körben: politisch-militärisch, wirtschaftlich und
umweltpolitisch sowie Fragen der menschlichen Sicherheit. Der
letztgenannte Bereich umfasst normative Aspekte wie zum Beispiel Menschenrechte, Minderheitenschutz, Rechtsstaatlichkeit
und demokratische Reformen. Es entbehrt nicht einer gewissen
Ironie, dass die Institutionalisierung der OSZE mit einem Bedeutungsverlust einherging. Die einsetzenden Transformationsprozes-
se in Mittel- und Osteuropa waren in ihrer verteidigungspolitischen

Dimension in der NATO und in ihren politisch und wirtschaftlichen Aspekten vor allem in der EU verankert, so dass es der OSZE schwerfiel, eine sichtbare Rolle zu definieren. Hinzu kam, dass Russland der OSZE zunehmend skeptischer gegenüberstand, da es die Organisation als von westlichen Interessen dominiert wahrnahm. Trotz dieser Defizite ist die breite Mitgliedschaft der OSZE ein wichtiges Alleinstellungsmerkmal und die Organisation hat sich eine Rolle in Feldern wie Wahlbeobachtung und vertrauensbildenden Maßnahmen erhalten.

Die NATO erklärte sich bereits im Juni 1992 bereit, die friedensunterstützenden Maßnahmen der damaligen KSZE militärisch zu stützen. Dieses Angebot erfuhr im Zuge der Balkankonflikte konkrete Umsetzung. So unterstützte die NATO zum Beispiel durch Luftaufklärung die OSZE Beobachtermission im Kosovo 1998-1999 und stellte auch Kapazitäten bereit, um die unbewaffneten OSZE Beobachter im Konfliktfall evakuieren zu können. Jenseits der Zusammenarbeit im Feld gab es auch einen Informationsaustausch und Zusammenarbeit in Fragen der Grenzsicherheit, des illegalen Waffenhandels und der Terrorismusbekämpfung. Allerdings handelte es sich bei diesen Aktivitäten nicht um ein kohärent geplantes Arbeitsprogramm, sondern eher um punktuelle Initiativen in technischen Bereichen, die über einen gewissen *ad hoc* Charakter nicht hinauskamen.

Wie Yost (2007: 122-124) ausführt, gab es Bestrebungen in der NATO, das Verhältnis zur OSZE auf eine festere Grundlage zu stellen. Diese wurden allerdings nicht verfolgt, als sich der Widerstand Russlands abzeichnete. Yost kommt trotzdem in seiner Analyse zu dem Schluss, dass die fehlende Formalisierung des Kooperationsverhältnisses NATO-OSZE kein Nachteil sei. Im Gegenteil, die Organisationen würden ein produktives und unkompliziertes Nebeneinander pflegen, was durch den fehlenden Wettbewerb um Ressourcen und Kompetenzen aufgrund der eindeutig unterschiedlichen Aufträge der Organisationen zu erklären sei: „The NATO-OSCE relationship has been comparatively unproblematic partly because the OSCE's political-military agenda has been for the most part distinct from (and complementary to) that pursued by the Alliance. NATO and the OSCE have little to dispute about, and have benefited from each other's activities. NATO has provided security for OSCE activities; and OSCE activities such as election monitoring, democratization, and the protection of human rights have served NATO's broader political objectives" (Yost 2007: 130).

Eine zentrale Motivation für die OSZE bleibt der Versuch, die heterogenen Interessen ihrer Mitgliedstaaten hinter der Vision eines geeinigten Europas, in dem es keine unterschiedlichen Zonen der Sicherheit bzw. Unsicherheit gibt, zu versammeln. Der im Sommer 2009 unter griechischem Vorsitz gestartete Korfu Prozess, der im OSZE Gipfel 2010 mündete, stellte den Versuch der OSZE dar, die eigene Rolle klarer zu definieren. Allerdings blieben konkrete und pragmatische Zielvorgaben trotz einer Vielzahl von vorbereitenden Gesprächsrunden unter den OSZE Botschaftern der Mitgliedstaaten aus. Die Einbindung Russlands und anderer postsowjetischer Staaten ist nach wie vor ein Vorteil und der OSZE kommt nicht zuletzt aufgrund ihrer historischen Bedeutung im Ost-West Konflikt eine gewisse moralische Größe zu. Es ist allerdings nur schwer vorstellbar, dass sich diese Aspekte direkt auf das Verhältnis der NATO zur OSZE auswirken, weshalb der von Yost analysierte Zustand, wonach NATO und OSZE „have pursued distinct missions in a coordinated fashion" (Yost 2007: 113) andauern dürfte.

7.2 NATO-EU

Das Verhältnis zwischen NATO und EU stellt in vielerlei Hinsicht das genaue Gegenteil der NATO-OSZE Kooperation dar. Zwischen der Allianz und der EU herrscht auf dem Papier ein hoher Formalisierungsgrad, der eine strategische Partnerschaft zwischen diesen beiden Organisationen begründen soll. In der Praxis fällt die Zusammenarbeit vor allem aus noch zu erörternden politischen Gründen weit hinter ihr Potenzial zurück.

Auf einem Ministertreffen der NATO in Berlin im Juni 1996 wurden Beschlüsse gefasst, die den europäischen Pfeiler innerhalb der NATO stärken sollten. Das Abschlusskommuniqué sah vor, dass die NATO bestimmte militärische Fähigkeiten für von der Westeuropäischen Union geführte Einsätze zur Verfügung stellen würde (NATO 1996: Par. 6-7). Hieran schließen die Abkommen zwischen der NATO und der EU an, die somit einer der wichtigsten Entwicklungen, nämlich der Ausformung einer Gemeinsamen Sicherheits- und Verteidigungspolitik (GSVP) innerhalb der EU seit 1999, Rechnung tragen sollen.

Als die EU mit dem Aufbau der GSVP begann, die zwischen 1999 und 2009 unter dem Namen Europäische Sicherheits- und Verteidigungspolitik (ESVP) firmierte, wurde schnell deutlich, dass die Frage, wie autonom die GSVP von der NATO sein sollte, von enormer Wichtigkeit ist. Auf dem EU Gipfel im portugiesischen Feira im Juni 2000 wurden EU-NATO Arbeitsgruppen einberufen, die permanente Arrangements ausarbeiten sollten. Diese Verhandlungen zogen sich bis zum Dezember 2002 hin. Das NATO Mitglied Türkei verlangte eine gleichberechtigte Mitsprache an GSVP Missionen im Austausch für seine Zustimmung zu der Bereitstellung von NATO Fähigkeiten. Da die EU-Mitglieder diese Position als eine Beschränkung ihrer Handlungsfreiheit interpretierten, stockten die Verhandlungen (Lachowski 2002: 168-169; Missiroli 2002: 20-21). Nachdem der damalige Hohe Repräsentant für die Gemeinsame Außen- und Sicherheitspolitik der EU und ehemalige NATO Generalsekretär, Javier Solana, dem damaligen NATO Generalsekretär Lord George Robertson versicherte, dass die EU die Einbindung von nicht-EU Mitgliedern der NATO sicherstellen würde, beschloss der Nordatlantikrat, der EU Zugang zu NATO Planungskapazitäten für EU Einsätze zu gewähren (NATO 2002b). Nach einem gemeinsamen Treffen des Politischen und Sicherheitspolitischen Komitees (PSK) der EU und des Nordatlantikrats verkündeten Solana und Robertson am 16 Dezember 2002 eine strategische Partnerschaft zwischen den Organisationen (NATO 2002c). In der gemeinsamen Erklärung heißt es, die EU werde „the fullest possible involvement of non-European members of NATO within ESDP" sicherstellen, während die NATO „is giving the European Union, inter alia and in particular, assured access to NATO's planning capabilities" (Ibid.).

Zwischen Dezember 2002 und März 2003 wurden dann zwischen NATO und EU Diplomaten die Feinheiten der technischen Umsetzung ausgehandelt. In Anlehnung an den NATO Beschluss von 1996, wird dieses militärisch-technische Abkommen unter dem Namen Berlin Plus geführt und trat am 17 März 2003 in Kraft. Während die entsprechenden Dokumente nicht öffentlich zugänglich sind, wurden die wesentlichen Elemente und Parameter kommuniziert. Das Berlin Plus-Abkommen regelt den gesicherten Zugriff der EU auf NATO Planungskapazitäten in Abhängigkeit der Verfügbarkeit dieser NATO-Ressourcen. Es beinhaltet ein Verfahren für die Freigaben, Überwachung, Rückgabe und Rücknahme der NATO Mittel und entsprechende Konsultationsmechanismen. Ferner wurde eine NATO-EU Koordinationsgruppe für den Bereich der Entwicklung militärischer Fähigkeiten eingesetzt. Die EU hat nur dann einen gesicherten Zugriff auf die NATO Mittel, wenn die NATO die entsprechenden Fähigkeiten nicht selbst für einen Einsatz benötigt. Dies bedeutet, dass diese Kapazitäten fallweise für EU Einsätze freigegeben werden müssen, und dass die NATO diese zurückrufen kann, wenn sie diese selber brauchen sollte. Für den Fall, dass die EU auf NATO-Mittel zurückgreift, übernimmt der stellvertretende NATO Oberbefehlshaber, eine Position die in der NATO immer einem Europäer zufällt, die Führung des Einsatzes. Das Berlin Plus-Abkommen wurde seit in Kraft treten bereits mehrfach genutzt, nämlich als die EU von der NATO die Verantwortung für Militäreinsätze in Mazedonien (2003) und Bosnien Herzegowina (seit Dezember 2004) übernahm. Neben der Führung durch nationale Militärstäbe in EU-Mitgliedsländern und der bisher nicht genutzten, aber seit 2007 existierenden, Möglichkeit, ein EU-Operationszentrum für Einsätze bis zu einer Größenordnung von ca. 2.000 Soldaten zu aktivieren, bietet der Rückgriff auf NATO Strukturen der EU einen dritten Weg, um Militäreinsätze durchzuführen. Um den Austausch zwischen den Militärstäben der NATO und der EU zu festigen, wurde eine EU Zelle im NATO Hauptquartier in Mons und ein NATO Gegenstück im EU Militärstab in Brüssel eingerichtet.

Die institutionelle Zusammenarbeit zwischen NATO und EU besteht darüber hinaus aus Treffen zwischen PSK und Nordatlantikrat, dem NATO-Generalsekretär und dem Hohen Vertreter für Außen- und Sicherheitspolitik der Union, verschiedenen Arbeitsgruppen zum Beispiel im Bereich militärische Fähigkeitsentwicklung und auch Treffen auf Ebene der Außenminister. Dieser Austausch steht aber seit dem EU-Beitritt Zyperns vor grundlegenden Schwierigkeiten. Der nach wie vor ungelöste Konflikt um die geteilte Insel führt *de facto* zu einer fast vollständigen Blockade. Auf Drängen der Türkei besteht die NATO auf strikte Einhaltung der Berlin Plus-Sicherheitsprotokolle zwischen NATO und EU, die einen Austausch nur mit EU-Mitgliedern zulassen, die entweder der NATO angehören oder Mitglieder des PfP Programms sind. Zypern erfüllt als einziges EU Mitglied nicht diese Bedingungen. Die EU hat dagegen die Position eingenommen, dass sie eine Diskriminierung eigener Mitglieder nicht zulassen will, was die Blockade komplettiert. Ein wirklicher Dialog zwischen den Organisationen ist somit nur dann möglich, wenn es um EU geführte Einsätze unter Rückgriff auf NATO Fähigkeiten geht – dies ist gegenwärtig nur für Bosnien Herzegowina der Fall. Yost stellt somit fest, dass „as currently implemented, the ‚Berlin Plus' package functions to restrict cooperation, not to facilitate and promote it" (Yost 2007: 94). Die institutionelle Zusammenarbeit in den formalisierten Kanälen ist somit unproduktiv und lässt keinen Dialog zu. Teilweise kann dieses Problem durch informelle Kontakte auf Arbeitsebene, zum Beispiel zwischen den Militärstäben der EU und der NATO umgangen werden, aber diese Lösungen taugen allenfalls zur Bearbeitung praktischer Probleme und können eine strategische Abstimmung auf politischer Ebene nicht ersetzen.

Eine weitere Schwierigkeit ergibt sich aus der unterschiedlichen Bewertung, zu der einzelne EU- und NATO-Mitglieder hinsichtlich der Frage der EU-Autonomie kommen. Hierbei haben sich zwei wesentliche Lager herausgebildet. Auf der einen Seite stehen diejenigen, angeführt durch Großbritannien, die eine enge Bindung – und letztendlich eine Unterordnung – der GSVP an die NATO befürworten. Auf der anderen Seite hat vor allem Frankreich beständig versucht, die GSVP so autonom wie möglich zu gestalten. Seit Frankreich sich 2009 wieder vollständig in die integrierten Militärstrukturen der NATO begeben hat und die amerikanische Regierung ihre Bedenken gegen die Ausgestaltung der GSVP weniger prominent vorbringt, ist diese Spannung allerdings in den Hintergrund getreten.

Der Wettbewerb zwischen NATO und EU ist damit aber noch keinesfalls gelöst. Durch den Aufbau der GSVP hat sich die EU auf ein Territorium begeben, das zuvor der NATO vorbehalten war. Die EU will in der Lage sein, zivile und militärische Krisenmanagement-einsätze autonom durchzuführen, und hat diesem Ziel entsprechende Strukturen aufgebaut und seit 2003 bereits über zwei Dutzend Einsätze durchgeführt bzw. begonnen. Gerade der militärische Aufgabenteil der GSVP deckt sich sehr stark mit den Einsätzen der NATO, die nicht dem Selbstverteidigungsfall nach Artikel 5 des Nordatlantikvertrages entsprechen. Aus dieser funktionalen Überschneidung entsteht fast zwangsläufig ein Wettbewerb um Ressourcen und Zuständigkeiten. Zwar gibt es immer wieder Überlegungen, ob eine entweder geographische oder funktionale Arbeitsteilung zwischen der NATO und der EU etabliert werden könnte. Diese enden aber in der Regel in einer Sackgasse, da sich keine Organisation bzw. die dahinterstehenden Mitgliedstaaten, darauf einlassen will, den eigenen Kompetenzrahmen zu beschneiden.

Diese unterschwellige Rivalität treibt in der Praxis teilweise erstaunliche Blüten. So haben zum Beispiel die EU und die NATO 2005 gleichzeitig die Afrikanische Union bei ihrem Versuch, die Darfur Region im Sudan zu stabilisieren, mit Lufttransportkapazitäten unterstützt. Diese Doppelung erscheint wenig Effizient, war aber aufgrund der Vorlieben der einzelnen Mitgliedstaaten, die ihre Beiträge sowohl in die EU als auch die NATO kanalisieren wollten und somit eine Zusammenlegung des Engagements verhinderten, unvermeidbar.

Der komparative Vorteil der einzelnen Organisationen ist theoretisch relativ eindeutig. Die NATO bietet die Einbindung der USA und ein nach wie vor unerreichtes Militärpotenzial, das auch komplexe Einsätze hoher Intensität möglich macht. Die große Stärke der GSVP ist die Vielzahl der Instrumente, welche die EU zur Lösung einer Krisensituation einsetzen kann, da sie nicht-militärische, militärische, wirtschaftliche und politische Mittel, zumindest auf dem Papier, in einem *comprehensive approach* vereinen kann. Mit diesem holistischen und mehrdimensionalen Ansatz geht die EU weit über das hinaus, was die NATO bieten kann. Dieser Sachverhalt schlug sich in der Idee nieder, dass die EU der NATO analog zum Berlin Plus

Abkommen nicht-militärische Fähigkeiten zur Verfügung stellen könnte. Dieser Vorschlag kursierte als *Berlin Plus Reverse*, konnte sich aber nicht durchsetzen, da die NATO keine Abhängigkeit von der EU suggerieren und die EU umgekehrt nicht als Hilfsarbeiter der NATO gesehen werden wollte (Yost 2007: 88-89).

7.3 NATO-VN

Seit Gründung der NATO existieren die VN als Handlungsrahmen für die Allianz, was der mehrfache Bezug auf die Vereinten Nationen im Nordatlantikvertrag verdeutlicht, der die übergeordnete Verantwortung der VN für die internationale Sicherheit hervorhebt (siehe Kapitel 1). Mit der sich nach Ende des Kalten Krieges entwickelnden Rolle der NATO als Organisation, die Krisenmanagementaufgaben wahrnimmt, veränderte sich allerdings auch das Verhältnis zwischen der transatlantischen Allianz und den VN. Im Dezember 1992 erklärte sich die NATO bereit, die Friedensmissionen der VN zu unterstützen. Der NATO-Generalsekretär unterrichtet den Sicherheitsrat der Vereinten Nationen über den Generalsekretär der VN über laufende Einsätze der NATO, was sowohl Einsätze nach Artikel 5 des Nordatlantikvertrags als auch alle anderen Einsätze umfasst.

Beide Organisationen haben seither ein wechselseitiges Interesse aneinander. Für die NATO schaffen VN-Einsatzmandate ein hohes Maß an politischer Legitimität, da sich hier der Wille der internationalen Gemeinschaft ausdrückt, was wiederum auch die Zusammenarbeit mit anderen Akteuren erleichtert (Yost 2007: 41-42). Somit ist leicht ersichtlich, dass eine Mandatierung von NATO-Operationen durch die VN die bevorzugte Herangehensweise ist, woran auch der Sonderfall des Kosovokrieges von 1999 nichts Grundlegendes geändert hat. Der Legitimitätsbonus, den ein VN-Mandat mit sich bringt, ist aber nicht nur wegen seiner Außenwirkung von Bedeutung. Auch im Hinblick auf die innerstaatliche Unterstützung durch die Bevölkerung in den NATO Staaten entfaltet er Wirkung (Harsch und Varwick 2009: 7).

Aus Sicht der Vereinten Nationen erschließt sich das Interesse an der NATO vor allem aus den militärischen Fähigkeiten der Allianz. Die Ressourcen, welche die NATO ins Feld führen kann, und die vielfältigen Aufgaben, welche NATO-Streitkräfte auch über einen langen Zeitraum im Einsatz durchhalten können, sind durch andere VN-Mitglieder nicht in vergleichbarem Maße abzubilden (Yost 2007: 43).

Trotz der beiderseitig eindeutigen Interessenkonstellation ist die institutionelle Zusammenarbeit zwischen NATO und VN weitaus weniger ausgeprägt, als es zu erwarten wäre. Eine Analyse verweist auf „haphazard inter-institutional linkages", die auch noch unter einer „lack of precision converning the overarching vision" im Hinblick auf die NATO-VN Beziehungen leiden (Smith-Windsor 2011: 17). Ein anderer Autor kommt zu dem Schluß, dass die Kooperationsbeziehungen vor allem durch einen „relatively immature state" gekennzeichnet sind (Vahlas 2011: 54).

Die Gründe für die konstatierte fehlende Reife und Präzision sind vielfältig und müssen sowohl auf Seiten der NATO als auch der VN ausgemacht werden. Für die NATO wirken immer noch die schlechten Erfahrungen des Bosnienkrieges nach. Zwischen 1993 und 1995 konnten Luftschläge der NATO nur nach Zustimmung des NATO-Kommandeurs und der VN erfolgen. Dieses Prinzip, bekannt geworden als *dual key*, hat aus NATO Sicht in mehreren Fällen eine zeitliche angemessene Entscheidungsfindung verhindert und somit ein effektives militärisches Eingreifen behindert (Yost 2007: 46-47, 51; Harsch und Varwick 2009: 7; Vahlas 2011: 57). Seither ist das Vertrauensverhältnis beschädigt.

Unter NATO-Mitgliedern und in Teilen der NATO-Bürokratie hat sich daraus die Einschätzung entwickelt, dass eine stärkere Bindung der NATO an die VN einerseits die operative Handlungsfähigkeit der NATO über Gebühr einschränken und andererseits eine Erwartungshaltung schüren würde, die wiederum die NATO in einigen Fällen, in denen die VN auf der Suche nach Beiträgen zu Friedenseinsätzen sind, in ungewollten Zugzwang bringen könnte. Letzteres Argument entfaltet seine Bedeutung vor allem für die permanenten Mitglieder des VN Sicherheitsrats, die gleichzeitig NATO-Mitglieder sind, also Frankreich, Großbritannien und die USA (Yost 2007: 58-60;

Vahlas 2011: 56). Die im traditionellen VN-Verständnis von Frieden-missionen immer noch als Leitgedanke verankerte Neutralität trägt außerdem dazu bei, dass sich die NATO nicht pauschal unterordnen will. Smith-Windsor schreibt, es gäbe eine „fear of endangering the credibility of the Alliance as a military power prepared and able to deliver on threats of force, because of an interfering or dithering UN" (Smith-Windsor 2011: 27).

Auf Seiten der VN sind die Bedenken eher noch ausgeprägter: „The Alliance is still seen by many UN members and part of the UN bureaucracy as a Cold War military machine and US ,tool box'" (Harsch und Varwick 2009: 5). Genau wie die *dual key* Episode aus dem Bosnienkrieg bei der NATO eine nachhaltige negative Wirkung entfaltet, wird die Entscheidung der NATO, den Kosovokrieg ohne VN Mandat zu beginnen, als Beleg dafür ins Feld geführt, dass die NATO ein im Kern aggressives Bündnis ist, das sich über die Be-stimmungen des Völkerrechts und die Vereinten Nationen im Zwei-felsfall hinwegsetzt. Während die Rechtmäßigkeit des Kosovokrie-ges in der Tat zur Debatte steht (siehe Kapitel 5), hat die NATO stets betont, dass es sich hierbei keineswegs um ein erstrebens-wertes Muster handelt, sondern der politischen Blockade des VN Sicherheitsrats geschuldet war. Das strategische Konzept der NATO von 2010 betont dementsprechend noch einmal deutlich die übergeordnete Verantwortung der VN.

Auch der bürokratische Apparat der VN hat ein institutionelles Eigeninteresse daran, die NATO auf Distanz zu halten. Würden die VN stark auf NATO Kapazitäten für Friedenseinsätze zurückgreifen, ließe sich kaum argumentieren, dass die VN ihre eigenen Institutio-nen in diesem Bereich weiter ausbauen müsste (Yost 2007: 59-60). Wichtiger erscheint aber noch die vielfach wahrgenommene Ge-fahr der Marginalisierung: „there remain concerns that over-reli-ance on regional organizations like NATO for crisis interventions will undermine the long-term aspirations and hopes for the UN as the universal security provider" (Smith-Windsor 2011: 26). Einige Autoren verweisen gar auf Bedenken, ausgelöst durch amerikani-sche Ideen, die NATO in eine Art Weltbündnis der Demokratien auszuweiten, dass die NATO versuchen könnte, die VN in ihrer weltweiten Verantwortung für Frieden und Sicherheit abzulösen (Vahlas 2011: 65).

Um die Kooperation zwischen NATO und VN von einem nur durch die Einsatzlogik angetriebenen Reaktionsmuster wegzuführen, kursierten schon seit geraumer Zeit Ideen für einen Akkord zwischen den Organisationen. Während die NATO schon vor mehreren Jahren den Vorschlag lancierte, die Beziehungen zwischen der Allianz und den VN durch eine gemeinsame Erklärung zu formulieren, erfolgte dieser Schritt erst im September 2008. Zu diesem Zeitpunkt unterzeichneten die Generalsekretäre der beiden Organisationen eine Erklärung, die einen Informationsaustausch und regelmäßige Konsultationen vorsieht. Darüber hinaus ist das zweiseitige Dokument überaus allgemein und vage gehalten. Möglich wurde das Dokument überhaupt nur dadurch, dass der VN Generalsekretär derartige Erklärungen nicht zur Abstimmung vorlegen muss, Ban Ki-moon, sich also entschließen konnte eine Reihe von Bedenken zu ignorieren.

Trotzdem brachte die Erklärung die oben bereits angesprochenen Ressentiments gegen die NATO zum Vorschein. Von Forschern durchgeführte Interviews mit VN Personal weisen allerdings auf Unterschiede innerhalb der Bürokratie hin. Während die Politische Abteilung des VN Hauptquartiers die gemeinsame Erklärung durchaus unterstütze, seien die Bedenken in den Teilen der Organisation, die humanitäre Hilfsaufgaben wahrnehmen, besonders stark ausgeprägt. Hier befürchte man, die Nähe zur NATO könne die für die humanitäre Arbeit wichtigen Prinzipien der Neutralität und Unparteilichkeit untergraben (Smith-Windsor 2011: 37). Interessanterweise findet sich die gemeinsame Erklärung, im Gegensatz zu der entsprechenden NATO-EU Erklärung, nicht auf den einschlägigen Teilen des NATO-Internetauftritts. Offensichtlich sollen die unterschwellig vorhandenen Spannungen nicht noch durch die Instrumente der Öffentlichkeitsarbeit erhöht werden.

All dies ist umso erstaunlicher, da die Erklärung inhaltlich nicht viel hergibt. Harsch und Varwick (2009: 9) urteilen die Erklärung sei „not very remarkable." Ihre Auswirkungen auf das neue strategische Konzept der NATO scheinen ebenfalls zu vernachlässigen zu sein. Während die EU in ihrer Bedeutung als Partner für die NATO hervorgehobene Erwähnung findet, bietet das Konzept im Hinblick auf die VN keine Akzente. Für Smith-Windsor (2011: 46) wurde damit eindeutig eine Gelegenheit verpasst. Vahlas zieht eine ähnliche Bilanz und argumentiert "the new core document charting NATO's future direction makes a very limited contribution to delineating a more structured strategic partnership with the UN" (Vahlas 2011: 70).

Ähnlich wie im NATO-EU Verhältnis ist die funktionale Überschneidung zwischen NATO und VN sowohl ein Antrieb für Kooperationsbemühungen als auch ein Hindernis. Natürlich führen gerade Krisenmanagementeinsätze immer wieder vor Augen, dass eine enge Abstimmung und belastbare Kooperationsmechanismen einen nicht unerheblichen Anteil an Erfolg oder Misserfolg haben. Andererseits bewirken institutionelle Rivalitäten Misstrauen und Kompetenzstreitigkeiten. Diese scheinen derart stark zu sein, dass selbst die Zusammenarbeit im Einsatz, die zwischen NATO und VN immerhin schon auf das Ende ihrer zweiten Dekade zugeht und seither ununterbrochen stattfindet, nicht stark genug ist, einen unumstößlichen Impuls für die direkte strategische Kooperation auf höchster politischer Ebene zu liefern. Im Gegenteil, der mit VN Mandat ausgestattete und von der NATO geführte Afghanistaneinsatz scheint hier eher hinderlich zu sein: „in addition to the general reluctance to give up autonomy, the imbalance of the organization's resources has prevented any meaningful partnership. UNAMA has been dramatically understaffed and under-resourced. It is largely unable to reach out into the provinces without ISAF's support and at the same time wary of being too closely affiliated with the military. This has put the UN in a structurally weak position and has minimized incentives for ISAF to engage in cooperation... This has created an unbalanced division of labor and has sparked concerns within UNAMA about subordination" (Harsch 2011: 77).

Dieses Kapitel hat gezeigt, dass vielfältige Kooperationsbeziehungen zwischen der NATO und anderen wichtigen multilateralen Sicherheitsorganisationen bestehen. Sie sind aus Sicht der NATO Teil des Versuchs, den heutigen Sicherheitsbedrohungen mit einem auf kooperativer Politik beruhenden Ansatz zu begegnen. Es hat sich gezeigt, dass die Kooperation mit Institutionen, die eine größere funktionale Schnittmenge besitzen – also NATO, EU, VN – gleichzeitig unumgänglich und außerordentlich schwierig ist, während eine relativ klare Aufgabentrennung – wie zwischen NATO und OSZE – sich eher vereinfachend auszuwirken scheint. Unterschiedliche Interessen der Mitgliedstaaten und bürokratische Interessen der Organisationen selbst sorgen für Rivalitäten. Der Leitgedanke der kooperativen Sicherheit, wie er im strategischen Konzept der NATO verankert ist, wird somit auch in Zukunft nur teilweise umgesetzt werden können.

Die hier diskutierten Kooperationszusammenhänge zwischen der NATO und anderen multilateralen Sicherheitsorganisationen, verweisen darauf, dass sie sich insbesondere im Hinblick auf Krisenmanagementeinsätze einen Arbeitsbereich teilen. Gleichwohl sind ihre jeweiligen Aktivitäten natürlich nicht auf dieses gemeinsame Gebiet beschränkt. Jeder der zur Verfügung stehenden multilateralen Handlungsrahmen weist unterschiedliche Stärken auf. Idealerweise sollte die Zusammenarbeit der Institutionen komplementär verlaufen, um so unter anderem einen höheren Effizienzgrad und größere Effektivität im Einsatz zu erreichen. Wenn sich die hier beschriebene Kooperation nicht verbessert, besteht die Gefahr, dass die Glaubwürdigkeit der Organisationen und ihrer Mitglieder leidet (siehe hierzu exemplarisch für die Kooperation zwischen NATO und EU: Duke 2008).

8 Relevanz und Wandel des Bündnisses: Erklärungsansätze

Seit Ende des Kalten Krieges befindet sich die NATO in einem andauernden Anpassungsprozess. Die strategischen Grundlagen ihrer Arbeit wurden mehrfach überarbeitet, um neue Aufgaben neben der kollektiven Verteidigung angehen zu können. Ihre militärischen Führungsstrukturen sind von einem geografisch geprägten Sicherheitsbegriff auf ein funktionales Sicherheitsverständnis umgebaut worden. Die NATO hat mehrere Erweiterungsrunden durchgeführt und eine Vielzahl von neuen Mitgliedern erfolgreich integriert. Sie hat durch eine Vielzahl von Krisenmanagementeinsätzen den Willen ihrer Mitglieder zum Ausdruck gebracht, die Organisation zu nutzen, um auf globaler Ebene zu Stabilität und Sicherheit beizutragen. Die Allianz hat ein komplexes Netz an Kooperationsmechanismen aufgebaut, das die Zusammenarbeit mit Nicht-Mitgliedern und anderen Organisationen erlaubt. Kurzum: der Wandel der NATO erstreckt sich auf nahezu alle Bereiche.

Dass eine Organisation den kompletten Umbruch des durch sie zu bearbeitenden Politikfeldes, also in diesem Fall der Sicherheits- und Verteidigungspolitik, übersteht, ist keinesfalls selbstverständlich. Die fortdauernde Relevanz der NATO, die sich aus dem Engagement ihrer Mitgliedstaaten ablesen lässt, und die Art, wie die Allianz versucht, auf das strukturell veränderte sicherheitspolitische Umfeld zu reagieren, verlangen nach einer Erklärung. Unterschiedliche Ansätze können herangezogen werden, um die verschiedenen Aspekte zu beleuchten. Drei große Theoriestränge der Internationalen Beziehungen – der Realismus, der Institutionalismus und der Konstruktivismus – bieten hilfreiche Thesen, die in diesem Kapitel vorgestellt und diskutiert werden sollen.

Der Realismus, in dem auch die klassische Allianztheorie zu verorten ist, fokussiert hierbei den Zusammenhang von externer

Bedrohung und Allianzkohäsion. Der Institutionalismus verschiebt das Augenmerk auf den Kooperationsmehrwert der NATO, den ihre Mitgliedstaaten durch die Anpassung der Institution an neue Begebenheiten erhalten wollen. Der Konstruktivismus betont vor allem die kollektive Identität der NATO Mitglieder, die zu großer institutioneller Loyalität führen kann. Ziel dieses Kapitels ist nicht, die Überlegenheit des einen oder anderen Ansatzes zu demonstrieren. Vielmehr wird davon ausgegangen, dass alle drei einen Erkenntnisgewinn bieten und somit einen Beitrag zum besseren Verständnis der bisherigen Entwicklung der NATO leisten und helfen können, Vermutungen über ihre Zukunft anzustellen.

8.1 Realistische Ansätze

In der Disziplin der Internationalen Beziehungen gehen dem Realismus zuzuordnende Theorieansätze davon aus, dass Staaten die wesentlichen Akteure sind. Sie treten als einheitlich und rational handelnde Akteure auf, deren oberstes Ziel das eigene Überleben ist. Als weitere Grundannahme kommt hinzu, dass sich im internationalen System keine übergeordnete Machtstruktur mit Sanktionspotenzial herausbilden kann. Somit bewegen sich Staaten in einem anarchischen Umfeld. Um vor diesem Hintergrund zu bestehen, versuchen Staaten ihr Machtpotenzial, in der Regel verstanden als Größe des Staatsgebiets, Wirtschaftsleistung und Streitkräfte, auszubauen. Da in einem anarchischen System andere Staaten immer als potenzielle Gegner wahrgenommen werden, gilt es, mächtiger zu sein als andere.[1] Dabei wird von einem Nullsummenspiel auf internationaler Ebene ausgegangen. Dies bedeutet, dass der Machtzuwachs eines Staates einen Machtverlust eines anderen nach sich zieht.

Diese Grundannahmen führen dazu, dass die internationalen Beziehungen im Wesentlichen darauf abzielen, Machungleichgewichte zu verhindern oder diese zu kompensieren. Aus dieser Ten-

---

[1] Diese Interpretation entspricht der Denkschule des Neorealismus. Im klassischen Realismus wird das Streben nach Macht mit der Natur des Menschen als Akteur und nicht mit der Struktur des internationalen Systems begründet.

denz ergibt sich ein Gleichgewicht der Macht (*balance of power*), das auf internationaler Ebene für Stabilität sorgt. Staaten, so die Annahme der klassischen Allianztheorie, bleiben zwei Wege, um ein Gleichgewicht herzustellen. Zum einen können sie militärische Fähigkeiten aufbauen. Zum anderen können sie Allianzen formen. Der wichtige Punkt ist hierbei, dass die Strategien immer eine Reaktion auf eine wahrgenommene Bedrohung sind. Bedrohungen sind hierbei als Funktion relativer Macht zu verstehen, die sich nach klassischem Verständnis aus geographischer Nähe, offensiven Militärpotenzialen und Intentionen ergibt (Walt 2000: 12). In der Sichtweise des Realismus in seinen unterschiedlichen Ausprägungen dienen Sicherheitsinstitutionen wie Allianzen immer nur dem übergeordneten Zweck, diesen Bedrohungen zu begegnen, sind also rein instrumentell zu sehen (Waltz 1979). Somit gehören „Allianzen oder Bündnisse ... zu den wichtigsten staatlichen Antworten auf die sich aus der anarchischen Struktur des internationalen Systems ergebenen Unsicherheit ihrer Existenz" (Theiler 2003: 19).

Vertreter Realistischer Denkansätze wehren sich allerdings gegen den Umkehrschluss, dass der Wegfall einer Bedrohung gewissermaßen automatisch zur Auflösung der Allianz, die ihr begegnen sollte, führen muss. Vielmehr wird darauf verwiesen, dass der Fortbestand eines Bündnisses nach Wegfall der Bedrohung und damit seines eigentlichen Zwecks, nicht innerhalb dieses theoretischen Konzepts erklärt werden kann. Walt führt hierzu weiter aus, dass „the smaller the threat, the less cohesive and strong the alliance will be" (Walt 2000: 13) und trifft dann die wichtige Aussage, "because realism sees alliances as primarily a response to external threats, the absence of a major threat will inevitably weaken the glue binding the member states together, and will allow previously suppressed conflicts of interest to reemerge" (Walt 2000: 21). Hieraus wird noch einmal die Annahme deutlich, dass Staaten den Autonomieverlust, der zwangsläufig durch Kooperation im Bündnis entsteht, nur solange dulden werden, wie er aufgrund der Bedrohungslage einen Zugewinn an Sicherheit bedeutet: „bei einer nachlassenden Bedrohungssituation [wird] der Wunsch der Staaten nach Autonomie über die machtpolitische Notwendigkeit zur Allianzbildung siegen" (Theiler 2003: 22).

Selbst wenn die Aussage zu akzeptieren ist, dass aus den Grundannahmen des Realismus nicht ein automatisches Ende einer Allianz bei Wegfall der Bedrohung folgt, so ergibt sich doch die eindeutige Erwartung, dass ein Bündnis wie die NATO einen klaren Bedeutungsverlust erleiden sollte, wenn sie keiner eindeutigen Bedrohung entgegen tritt. Das Ende des Ost-West Konflikts beschreibt so einen Fall: Mit dem Ende der Sowjetunion und des Warschauer Pakts ist der NATO die ursprüngliche externe Bedrohung, gegen die sie ihre Mitglieder schützen sollte, buchstäblich abhandengekommen. Aus Realistischer Perspektive müsste aus dieser Entwicklung, es sei denn eine andere Bedrohung von vergleichbarer Intensität tritt an die Stelle der vorangegangenen, folgen, dass die Kohäsion unter den NATO Mitgliedern sinkt und Konflikte hervorbrechen.

In der Tat bieten die vorangegangenen Kapitel vielerlei Hinweise, die diese These unterstützen würden. Zwei Bereiche stechen besonders hervor. Erstens hat die Strategiedebatte der NATO, festgemacht an den neuen strategischen Konzepten von 1991, 1999 und 2010, immer wieder deutliche Unterschiede zwischen den Mitgliedstaaten, was die Bedrohungswahrnehmung und die Kernaufgaben der NATO betrifft, zu Tage gefördert. Hier scheinen in der Tat zentrifugale Tendenzen sichtbar zu werden, die mit der weitaus diffuseren und indirekten Bedrohungslage, mit der sich die NATO auseinandersetzen muss, verbunden sind. Besonders augenscheinlich wird diese Problematik, zweitens, an Hand der anspruchsvolleren Einsätze der NATO, die immer wieder zu deutlich sichtbaren Meinungsverschiedenheiten unter den Mitgliedern geführt haben. Diese haben ihren Ursprung zumindest zum Teil in der Tatsache, dass keiner der Krisenmanagementeinsätze der NATO von der Mehrzahl der Mitglieder als Reaktion auf eine existentielle Bedrohung gesehen wird. Wie das entsprechende Kapitel gezeigt hat, fällt es der NATO unter diesen Umständen zunehmend schwer, eine gewählte Strategie für einen Einsatz kohärent umzusetzen. Auch der Aufbau der GSVP im Rahmen der EU, deren Mitglieder zu einem Großteil auch in der NATO sind, sowie beständig sinkende Verteidigungsausgaben unter den europäischen NATO Mitgliedern, könnten für schleichende Auflösungserscheinungen ins Feld geführt werden. Während der Fortbestand der NATO nach Ende des Ost-West Konflikts Realistische Ansätze prinzipiell in Erklärungsnöte bringt, können ihre Anhänger durchaus anmerken, dass es starke Anzeichen für den von ihnen vermuteten Zusammenhang zwischen Allianzkohäsion und externer Bedrohung gibt.

8.2 Institutionalistische Ansätze

Institutionalistische Ansätze teilen eine Reihe von Grundannahmen mit der Denkschule des Realismus. Auch sie gehen davon aus, dass Staaten als rationale Akteure in einem anarchischen internationalen System agieren und somit dem oben beschriebenen Sicherheitsdilemma ausgesetzt sind. Ein wesentlicher Unterschied besteht aber darin, dass die Rolle von Institutionen hier wesentlich differenzierter gesehen und ihnen ein inhärenter Mehrwert zugeschrieben wird.

Der Kooperationszusammenhang, der sich in den Regeln und Verfahren einer Institution ausdrückt, erhöht das Maß an Transparenz zwischen den beteiligten Staaten und senkt die Kosten des Informationsaustausches. Staaten, so die Annahme, haben ein Interesse, das dem anarchischen internationalen System innewohnende Sicherheitsdilemma zu schwächen. Hierzu können Institutionen beitragen, in dem sie unter ihren Mitgliedern eine Erwartungshaltung hinsichtlich ihres Verhaltens kreieren und darauf hinwirken, dass sich Mitglieder regelkonform verhalten. Da Staaten somit in Institutionen investieren, haben sie auch ein Interesse daran, den Kooperationsmehrwert im Lichte neuer Rahmenbedingungen zu erhalten. Aufgrund der Annahme, dass die Kosten institutioneller Reform niedriger sind als die Aufbaukosten einer neuen Institution, können Institutionen auch Zeiträume von Ineffizienz, zum Beispiel ausgelöst durch einen strukturellen Wandel des internationalen Systems, überdauern (Keohane 1984: 100; Keohane und Martin 1995).

Darüber hinaus steht zu erwarten, dass besonders ein hoher Grad an Institutionalisierung mit der Entstehung einer Bürokratie einhergeht, die wiederum ein Eigeninteresse am Fortbestand und an der Weiterentwicklung der Institution selbst hat. Hochgradige Institutionalisierung wirkt sich also positiv auf die Persistenz einer Institution aus, sowohl aus Sicht der die Kosten tragenden Mitglieder als auch aus Sicht der sie tragenden Gremien: „the more highly institutionalized the alliance, the more likely it is to endure even in the face of a significant shift in the array of external threats" (Walt 2000: 15).

Aus diesen Grundannahmen ergibt sich, dass der Institutionalismus einen besonderen Fokus auf die Anpassungsfähigkeit der NATO nach Ende des Kalten Krieges geworfen hat. Wenn eine Institution wie die NATO durch Reformen und eine Neuausrichtung dazu beitragen kann, die geänderten Sicherheitsprobleme der Mitglieder zu bearbeiten, dann erhält sie durch diese Anpassungsleistung ihren Kooperationsmehrwert. Besonders der mit der NATO Erweiterung nach Ende des Kalten Krieges einhergehende Stabilitätstransfer nach Mittel- und Osteuropa wird von Autoren dieser Denkschule als Beispiel ins Feld geführt (Wallander und Keohane 1999; Wallander 2000).

Im Zuge des Wandels der Institution kann diese Anpassungsleistung durchaus den Charakter derselben nachhaltig verändern. Ein weiteres Beispiel hierfür wäre die seit 1991 vorgenommene Ausweitung der Kernaufgaben der NATO, wie sie in den entsprechenden Strategiedokumenten reflektiert ist, hin zu Krisenmanagement und kooperativer Sicherheit neben der traditionellen Aufgabe der kollektiven Verteidigung. Auch die beschriebene Anpassung der militärischen Kommandostrukturen passt gut in das Bild der Anpassung mit dem Ziel der fortgesetzten Relevanz unter neuen Bedingungen. Theiler fasst die Kernthese hinsichtlich der andauernden Relevanz und des Fortbestandes der NATO aus Institutionalistischer Perspektive wie folgt zusammen: „Die NATO wird als Sicherheitsinstitution bestehen bleiben und ihre zentrale Bedeutung für die europäische Sicherheitsordnung erhalten können, weil es ihr durch die jüngsten Reformen gelingen kann, auch weiterhin wichtige nationale Interessen und Präferenzen ihrer Mitglieder zu bedienen und so ihr grundsätzliches Interesse an der Fortsetzung der sicherheitspolitischen Kooperation zu erhalten" (Theiler 2003: 37-38).

Das internationale sicherheitspolitische Umfeld wird auch weiterhin einem Wandel unterliegen. Die im Vergleich zur gegenwärtigen Lage relativ hohe Berechenbarkeit und Statik der Blockkonfrontation während des Kalten Krieges ist historisch gesehen eine Ausnahme. Es ergibt sich also, dass sich die NATO auch in Zukunft weiterhin durch erfolgreiche Anpassungsleistungen auszeichnen müsste, will sie nicht als Institution scheitern. Wenn allerdings dieser Anpassungsprozess, zu dem auch die Einsätze zum militärischen Krisenmanagement jenseits des Bündnisgebiets gehören, dazu führt, dass der Kooperationsmehrwert der Institution unterlaufen wird, zum Beispiel mit Blick auf die Berechenbarkeit des Verhaltens der Mitglieder, kann die NATO unter Umständen trotz Anpassungen nicht effektiv agieren. Auch der bisher erfolgreiche Prozess der NATO Erweiterung nach Mittel- und Osteuropa scheint an seine Grenzen gestoßen zu sein und es ist bisher noch fraglich, ob die Partnerschaftspolitik, welche die NATO seit 2010 forciert betreiben will, einen der Erweiterung ähnlichen Kooperationsmehrwert schaffen kann. Es ist also möglich, dass sich auch auf diesem Feld, trotz der Neuausrichtung der NATO Partnerschaftspolitik 2011, der nutzbare Anpassungsspielraum in Zukunft kleiner darstellt.

Losgelöst vom Fokus auf den die mediale Aufmerksamkeit dominierenden Afghanistaneinsatz würde dies bedeuten, dass die NATO als internationale Organisation wichtige Funktionen nicht mehr wahrnehmen würde. Der Kooperationsgewinn für Mitgliedstaaten würde sinken, wenn die NATO keine stabilen und verlässlichen Verhaltensmuster mehr generieren würde. Der Einfluss des multilateralen Rahmens auf nationale Präferenzen wäre niedriger als gedacht. Wandel ist also kein Selbstzweck, auch wenn der NATO immer wieder vorgeworfen wurde, dass sie seit nunmehr zwei Dekaden auf der Suche nach einer belastbaren Rolle ist und eine Tendenz habe, sich für immer mehr Themen zuständig zu erklären, um ihre Relevanz zu unterstreichen.

8.3 Konstruktivistische Ansätze

Aus Sicht der hier relevanten Fragestellung gehen konstruktivistische Ansätze in Hinblick auf die Wirkung, die sie Institutionen zuordnen, noch über den Institutionalismus hinaus. Diese Denkschule betont, dass Institutionen die Identitäten ihrer Mitglieder prägen und somit die Interessen und das Verhalten derselben beeinflussen (Finnemore und Sikking 1998). Interessen selbst werden somit nicht mehr als relativ fixe und unveränderbare Größen betrachtet, sondern als endogener Bestandteil der theoretischen Konzeption. Aus dieser Sicht ist die NATO „no longer just a cleareringhouse of national interests and a valued forum for consultation" (Haglund 2000: 96), wie das unter den Grundannahmen des Realismus und des Institutionalismus der Fall ist. Ferner besteht die Annahme, dass zwischen Mitgliedern geteilte Werte und eine gemeinsame Kultur verbindend genug sind, um die fortgesetzte Kooperation auch ohne eine eindeutig erkennbare externe Bedrohung zu gewährleisten.

Für konstruktivistische Ansätze sind sogenannte Sozialisierungsprozesse von enormer Bedeutung. Die beständige Interaktion unter Mitgliedern im Rahmen von Institutionen schafft, so die These, eine kollektive Identität, die wiederum zu hoher Institutioneller Loyalität führt. Die Normen, die in einer Institution vorherrschen, werden von den Mitgliedern durch diese Interaktion weiter internalisiert und somit gestärkt (Adler und Barnett 1998). Es bildet sich eine Sicherheitsgemeinschaft, was erklären würde, warum Staaten auch in einem weitestgehend geänderten internationalen Umfeld an der NATO festhalten und sie als relevant erachten. Konstruktivistische Ansätze sind daher besser geeignet, um die Dauerhaftigkeit eines institutionellen Engagements zu analysieren. Ähnlich wie beim Institutionalismus ist der konstruktivistischen Denkschule eine gewisse Pfadabhängigkeit zu eigen, in der Kooperation heute zu mehr Kooperation in der Zukunft führt: Sozialisierung und Interaktion müssten theoretisch zu einer über Zeit immer stärker ausgeprägten kollektiven Identität führen.

Dementsprechend wurden bis vor kurzem die Grenzen der Sozialisierungsprozesse kaum erfasst. Das trotz der angenomme-

nen Sozialisierung innerhalb einer Institution Probleme und Dissonanzen auftreten können, welche die institutionelle Bindung unter
den Mitgliedern schwächen, blieb somit unterbelichtet. Die angesprochenen Grenzen, die der Pfadabhängigkeit widersprechen
würden, können sich durch eine Kollision von Normen ergeben
(Kratochwil 2000; Cardenas 2004). Dies kann zum Beispiel dann der
Fall sein, wenn einzelne Mitglieder einer Institution den Beitrag,
den andere Mitglieder leisten, nicht als adäquat und bedeutsam
wahrnehmen und somit die Frage aufwerfen, welche Art von Verhalten innerhalb der NATO als ‚normal' gilt. Eine derartige Entwicklung würde die angenommene gemeinsame Identität hinterfragen.
Als Reaktion hierfür wäre sowohl denkbar, dass die so angesprochenen Staaten ihrerseits mit einer Anpassungsleistung antworten,
um die Erwartungshaltung zu erfüllen, oder aber mit Emanzipati-
onsversuchen reagieren, die eine Schwächung der institutionellen
Bindung und der gemeinsamen Identität bedeuten (Berenskoetter
und Giegerich 2010: 423-426).

Die Auseinandersetzungen über *caveats* im ISAF-Einsatz und
die Frage, ob Deutschland einen angemessenen Beitrag leistet und
seinen Verpflichtungen gerecht wird, bieten ein gutes Beispiel für
die kollidierenden Normen unter Mitgliedstaaten, die eine konstruktivistische Perspektive erwarten ließe: was im Rahmen der
NATO Einsätze als ‚normal' gilt, ist längst nicht mehr konsensfähig.
Obwohl der Beitrag Deutschlands zur ISAF Mission numerisch immer signifikant ausfiel, konstatierten eine Reihe von Analysen er-
hebliche Dissonanzen in Hinblick auf die Erfordernisse, die sich aus
der NATO Strategie ergeben und dem, was Deutschland zu leisten
bereit erschien. Verschiedentlich wurde deutlich, dass einige Alliierte Druck auf die Bundesregierung ausübten, politische Beschränkungen des Bundeswehreinsatzes in Afghanistan zurückzufahren,
da sie aus ihrer Sicht den Erfolg der NATO gefährden. Besonders
aus NATO Mitgliedstaaten, die hohe Verluste in Afghanistan hinnehmen mussten, wie z.B. Großbritannien, Kanada, die Niederlande und die USA, wurden Stimmen laut, die suggerierten, dass
Deutschland nicht bereit sei, die notwendigen Risiken zu teilen und
dem ISAF Mandat somit nicht gerecht werde. Der Wert des deut-

schen Beitrages und Deutschlands Status als verlässlicher Bündnispartner wurden in Frage gestellt.

Die einander ergänzenden Einblicke, die verschiedene theoretische Zugänge zum Thema bieten, verweisen also alle auf eine auch in Zukunft anhaltende Ausdifferenzierung der Positionen innerhalb der NATO, was dazu führen dürfte, dass die Kosten-Nutzen Kalküle der Mitgliedstaaten beständig neu austariert werden müssen. Alle drei Theoriestränge helfen dabei, Fragen nach der Relevanz und möglichen zukünftigen Entwicklungen der NATO zu erhellen.

9 Schlussbemerkungen

Das NATO Gipfeltreffen in Lissabon war eine erfolgreiche Zusammenkunft: das neue strategische Konzept konnte ohne nennenswerte Probleme beschlossen werden, der russische Präsident Medvedev war zu Gast und unterstrich somit den Neubeginn der Kooperation zwischen der NATO und Russland. Mehrere Gipfelteilnehmer lobten explizit die konstruktive Rolle, die der Generalsekretär der NATO bei der gemeinsamen Positionsfindung zu Fragen von strategischer Bedeutung gespielt habe. Rasmussen selbst, offensichtlich ebenfalls höchst zufrieden mit den Ergebnissen von Lissabon, sagte auf der abschließenden Pressekonferenz: "I believe this is one of the most substantial NATO summits you've ever seen. I also think it is one of the most important summits in the history of the alliance" (NATO 2010c). Es ist noch zu früh, um die Bedeutung der in Lissabon vorgenommenen Neuausrichtung der Allianz endgültig zu bewerten. Was aber bereits jetzt klar ist: auch diese Entscheidungen werden dem nicht nachlassenden Anpassungsdruck des internationalen sicherheitspolitischen Umfelds standhalten müssen, um im Lichte der unterschiedlichen nationalen Präferenzen unter den NATO Mitgliedern bestehen zu können.

Varwick hat in seiner Studie im Vorfeld des 60. Geburtstags der NATO 2009 auf mehrere wichtige Strukturprobleme hingewiesen (Varwick 2008: 165-166): die divergierenden Bedrohungswahrnehmungen unter den Mitgliedern werden immer offensichtlicher. Auch wenn ein oberflächlicher Konsens dahingehend besteht, dass eine Reihe von neuen Bedrohungen Bedeutung erlangt haben, heißt das noch lange nicht, dass unter den Mitglieder eine gemeinsame Prioritätensetzung geschweige denn eine detaillierte Vorstellung hinsichtlich ihrer Bekämpfung besteht. Zudem scheinen die auf dem Konsensprinzip beruhenden Entscheidungsprozesse der NATO zunehmend unter Druck zu kommen. Es bestehen allerdings keine schlüssigen Ideen, abgesehen von einer Reduzierung des Wildwuchses an Arbeitsgruppen, wie man ein höheres Maß an Effizienz und Flexibilität herstellen könne.

Die von Varwick ebenfalls angeführte Europäisierung der NATO hat als Problem seinen Charakter geändert, ist aber nicht verschwunden. Zwar ist Frankreich wieder voll in die integrierten Militärstrukturen der NATO eingebunden und die amerikanische Regierung steht dem Aufbau von Krisenmanagementkapazitäten im Rahmen der EU nun weniger kritisch gegenüber. Die Libyenkrise vom Frühjahr 2011 hat allerdings eindrucksvoll unterstrichen, dass die USA nicht gewillt sind, die Hauptlast bei der Lösung eines Problems beizusteuern, das sie im Verantwortungsbereich der Europäer wähnen. Als sich die USA nicht anschickten, ihre gewohnte Führungsrolle in der NATO zu spielen, demonstrierten die europäischen Mitglieder nicht etwa den vielbeschworenen europäischen Pfeiler der Allianz. Das Gegenteil war der Fall: aus der Vielstimmigkeit der nationalen Positionen, was sowohl den Sinn und die Erfolgsaussichten eines militärischen Eingreifens als auch die Rolle, welche die NATO dabei spielen sollte, betrifft, wurde nur mit großer Mühe, und nachdem die USA schlussendlich doch in der Anfangsphase des VN mandatierten Einsatzes die Führungsrolle übernahmen, ein gangbarer Plan. Libyen, und die Umwälzungen in Nordafrika und dem Nahen Osten generell, trafen die NATO unvorbereitet. Dass es anderen Akteuren nicht besser erging, kann kein Trost sein.

Auch der seit der Finanz- und Wirtschaftskrise noch stärkere Druck auf die Verteidigungshaushalte der meisten europäischen NATO Mitglieder wirft die Frage auf, welche Lasten die Regierungen in der Zukunft noch zu tragen bereit sein werden? Rasmussen versuchte unter dem Begriff „smart defence" die Mitglieder zu mehr Kooperation und Integration im Verteidigungssektor zu bewegen, um auf diese Weise darauf hinzuwirken, dass die seltener werdenden Verteidigungseuros zumindest effektiver ausgegeben werden. Sein Versuch, dieses wichtige Thema durch eine Rede auf der Münchner Sicherheitskonferenz 2011 auch in der Öffentlichkeit zu verankern, scheiterte allerdings zunächst (NATO 2011d).

Libyen und der Ressourcendruck sind nur zwei jüngere Beispiele der im vorliegenden Buch thematisierten Tendenzen, von denen noch einmal vier hervorgehoben werden sollen. Erstens das Aufgabenspektrum der NATO wird immer komplexer, ein Trend, den auch das neue strategische Konzept von 2010 mit der Neuformulierung der NATO Kernaufgaben und dem direkten Bezug auf eine Vielzahl von Bedrohungen fortgesetzt hat. Die Spannungen zwischen diesen Aufgaben, gerade im Lichte knapper finanzieller Mittel und nicht eindeutig definierbarer Erfolgsaussichten in wichtigen Einsätzen wie Afghanistan und Libyen, lassen es wahrscheinlich erscheinen, dass NATO Mitglieder auch in Zukunft divergierende Prioritäten verfolgen werden, und das konsensschaffende Moment der strategischen Neuausrichtung nicht lang vorhalten wird.

Zweitens, abgesehen von noch zu erwartenden Schritten auf dem Westbalkan, hat das Instrument der NATO-Erweiterung seinen Zenit überschritten. Im jetzigen Umfeld ist eine weitere geographische Ausdehnung des Bündnisses weder, wie im Kalten Krieg, militärisch geboten, noch ist, wie für die ersten Wellen der Erweiterung nach Mittel- und Osteuropa, ein eindeutiges politisches Momentum vorhanden. Die Staaten, die bereits in der NATO sind, werden in Zukunft noch stärker betonen, dass die Erweiterung der Allianz, wenngleich in der Vergangenheit enorm erfolgreich, kein Selbstzweck ist, sondern sich ein klares Interesse der NATO und ihrer Mitglieder definieren lassen sollte. Die Fälle, in denen eine Ausdehnung des Bündnisgebiets ein deutliches Plus für die Sicherheit der NATO und auch der beitretenden Staaten bedeutet, sind rar geworden.

Drittens die Notwendigkeit anhaltende politische Unterstützung für militärische Operationen zu generieren, die einer Vielzahl von Risiken begegnen, von denen allerdings keines eine existentielle Bedrohung für die Sicherheit der NATO Mitglieder darstellt, führt die NATO immer wieder an den Rand einer politischen Krise. Sowohl Bosnien, Kosovo, Afghanistan als auch Libyen haben unterstrichen, dass die Regierungen der Mitgliedstaaten zwar eine gemeinsame Strategie beschließen können, die kohärente und erfolgreiche Umsetzung aber durch divergierende nationale Präferenzen – was Zweck, Ziel und Mittel der Einsätze betrifft – erschwert wird. Dies muss nicht bedeuten, dass die NATO in Zukunft weniger interventionsfreudig ist, oder die sogenannten Koalitionen der Willigen, die außerhalb formell bestehender multinationaler Institutionen handeln, einen zweiten Frühling erleben. Jede angebliche politische Todeserfahrung hat die NATO bisher überwunden. Von neuer Qualität ist jedoch, dass vor allem Afghanistan, trotz eines beträchtlichen Ressourceneinsatzes, die Grenzen des Machbaren aufzeigt.

Viertens die NATO ist für die erfolgreiche Umsetzung ihrer Aufgaben immer stärker von anderen Akteuren abhängig. Sie alleine kann keine umfassende Sicherheitsvorsorge im Sinne des *comprehensive approach* leisten, was sich deutlich in den Partnerschaftsaktivitäten und den Kooperationsbeziehungen zu anderen multilateralen Sicherheitsakteuren zeigt. Die bisherigen Erfahrungen legen allerdings nahe, dass der Partnerschaftsgedanke in Zukunft noch stärker über den Beitrag von Drittstaaten zu NATO geführten Einsätzen definiert wird. Dies entspricht aber nur zum Teil den Bedürfnissen der NATO und der betroffenen Drittstaaten. Ob es die sehr heterogene Staatengruppe, mit der die NATO Partnerschaftsprogramme initiiert hat, schafft, die jeweils spezifischen Interessen unter dem seit April 2011 globalen Dach der neuen Partnerschaftspolitik unterzubringen, bleibt abzuwarten.

Die seit Ende des Kalten Krieges gestiegene funktionale Überschneidung zwischen NATO und EU, aber auch NATO und VN, muss ebenfalls noch in Prozesse überführt werden, die den *comprehensive approach* unterstützen und operationalisieren. Die theoretisch einleuchtende und definierbare Komplementarität der verschiedenen Institutionen stößt in der Praxis an ihre Grenzen. Verantwortlich sind der Wettbewerb um Ressourcen und Zuständigkeiten unter den Organisationen, unterschiedliche Organisationskulturen, gegenseitiges Misstrauen, aber vor allem widersprüchliches Verhalten der Mitgliedstaaten, die nach wie vor ihren traditionellen Institutionellen Vorlieben frönen, ohne ernsthaft Schritte zu einer Arbeitsteilung zu definieren.

Zusammengenommen bedeuten diese Beobachtungen, dass eine lineare Fortentwicklung der überaus beachtlichen Anpassungsleistung der NATO an neue Begebenheiten immer schwieriger, aber nicht weniger notwendig werden dürfte. Dies führt zurück zu der eingangs zitierten Beobachtung der Expertengruppe um Madeleine Albright, wonach die NATO immer mehr unternehme, ihre Relevanz aber immer weniger Menschen klar sei. Der Wandel der NATO ist nahezu allumfassend und muss trotzdem fortgesetzt werden, wenn die sich andeutenden zentrifugalen Kräfte im Zaum gehalten werden sollen. Der in allen Kapiteln dieses Buches deutlich gewordene Entwicklungsprozess der NATO von einem Bündnis, das ganz auf die kollektive Verteidigung seiner Mitglieder ausgelegt war, zu einer Organisation, die eine Vielzahl von komplexen und diffusen Sicherheitsproblemen im Auftrag ihrer Mitglieder bearbeiten will, um einen Beitrag zu internationaler Stabilität und Sicherheit zu leisten, wird andauern müssen. Eine grundlegende Frage, die sich aus der Analyse der vorangegangenen Kapitel ergibt, ist die nach den Grenzen der Anpassungsfähigkeit. Die NATO wird auch in Zukunft versuchen müssen, ihre Relevanz und die Loyalität von Mitgliedern und Partnern immer wieder neu zu sichern.

10   Kommentierte Literaturhinweise

Asmus (2002): Das Buch von Asmus bietet eine detaillierte Beschreibung des Entscheidungsprozesses, der zur Osterweiterung der NATO nach Ende des Kalten Krieges führte. Asmus begleitete diesen Prozess zunächst als Beobachter und dann als Mitarbeiter der amerikanischen Regierung unter Präsident Clinton. Er zeigt die unterschiedlichen Positionen der NATO Staaten und der Beitrittskandidaten auf und bietet eine engmaschige Darstellung, die auch die zu überwindenden Widerstände innerhalb der USA und in anderen NATO Ländern analysiert.

Gersdorff (2009): Die Monographie von Gersdorffs analysiert den Entstehungsprozess der Allianz und beleuchtet die unterschiedlichen Motivationen und Bedrohungswahrnehmungen, aus denen schließlich die NATO hervorging. Das Buch ist als diplomatiegeschichtliche Abhandlung von großem Wert, bietet es doch eine enorme Detailfülle, die aber aufgrund der gelungenen Darstellung zugänglich bleibt.

Theiler (2003): Theiler bietet einen theoriegeleiteten Zugang zum Reformprozess der NATO nach Ende des Kalten Krieges. Erklärungsansätze realistischer und institutionalistischer Denkschulen werden gegenübergestellt, um das Wechselspiel der verschiedenen nationalen Perspektiven und der Entwicklung der NATO zu analysieren. Die politikwissenschaftliche Aufbereitung zeigt Hypothesen auf, die auch heute noch helfen, die Zukunftsfähigkeit der NATO einzuordnen und zu verstehen.

Varwick (2008): Varwick hat mit diesem Buch eine einprägsame Bestandsaufnahme der Allianz anlässlich ihres 60-jährigen Bestehens geliefert, die sich hervorragend als Einführung in verschiedene Themenbereiche eignet. Bei diesem Werk handelt es sich um eine überblicksartige Darstellung, die angetrieben wird von dem Anliegen, den fortschreitenden Wandel der Allianz und die Wahrnehmung neuer Aufgaben durch die NATO zu erfassen.

Williams (2009): Diese Monographie untersucht den Wandel der Allianz in eine moderne Sicherheitsinstitution. Aufbauend auf der Literatur zur Risikogesellschaft zeichnet Williams ein Bild eines immer noch unvollständigen Anpassungsprozesses. Der analytische Rahmen wirft dabei den Fokus auf Strategieschwächen und Kohäsionsprobleme der Allianz, die durch neue Handlungsfelder und Aufgaben entstehen.

11 Literatur

Adler, E. und M. Barnett (Hrsg.) (1998): Security Communities. Cambridge University Press, Cambridge.

Akçapar, B. (2001): Partnership for Peace's Influence as an Instrument of Continuity and Change in the Euro-Atlantic Region, in: G. Schmidt (Hrsg.): A History of NATO – The first Fifty Years, Volume 1, Palgrave, Basingstoke, 269-286.

Allin, D.H. (2002): NATO's Balkan Interventions. Oxford University Press, Oxford.

Antonenko, O. und B. Giegerich (2009): Rebooting NATO-Russia Relations, in: Survival 51(2), 13-21.

Asmus, R.D. (2002): Opening NATO's Door. How the Alliance Remade Itself for a New Era. Columbia University Press, New York.

Berenskoetter, Felix und B. Giegerich (2010): From NATO to ESDP: A Social Constructivist Analysis of German Strategic Adjustment after the End of the Cold War, in: Security Studies 19, 407-452.

Blair, T. (1999): Prime Minister's Speech: Doctrine of the International Community at the Economic Club. 24 April 1999, Chicago.

Bozo, F. (2003): The Effects of Kosovo and the Danger of Decoupling, in: J. Howorth und J.T.S. Keeler (Hrsg.): Defending Europe: The EU, NATO and the Quest for European Autonomy. Palgrave, New York, 61-77.

Cardenas, S. (2004): Norm Collision: Explaining the Effects of International Human Rights Pressure on State Behavior, in: International Studies Review 6(2), 213–32.

Carp, M. (2002) : Back From the Brink, in: NATO Review 4/2002, online Ausgabe, http://www.nato.int/docu/review/2002/issue4/english/art2.html (30.05.11).

Chirac, J. (1999): Intervention radiotélévisée de M. Lacques Chirac, Président de la République sur l'évolution de la situation au Kosovo. 21 April 1999, Palais de l'Elysée.

Daalder, I.V. und J. Goldgeier (2006): Global NATO, in: Foreign Affairs 85(5), 105-113.

Daalder, I.V. und M.E. O'Hanlon (2000): Winning Ugly: NATO's War to Save Kosovo. Brookings Institution, Washington, DC.

Dardel, J.J. de (2009): Whither the Euro-Atlantic Partnership? Partnership and NATO's New Strategic Concept. GCSP, Genf.

Deni, J.R. (2007): Alliance Management and Maintenance. Restructuring NATO fort he 21st Century. Ashgate, Aldershot.

Deutscher Bundestag (1999a): Plenarprotokoll 14/30. 25 März 1999, Bonn.

Deutscher Bundestag (1999b): Plenarprotokoll 14/31. 26 März 1999, Bonn.

Deutscher Bundestag (1999c): Plenarprotokoll 14/32. 15 April 1999, Bonn.

Duke, S. (2008): The Future of EU-NATO Relations: A Case of Mutual Irrelevance Through Competition?, in: European Integration 30(1), 27-43.

Finnemore, M. und K. Sikkink (1998): International norm dynamics and political change, in: International Organization 52(Autumn), 887-917.

Fischer, J. (2000): Kosovo – Herausforderung auf dem Weg des Balkan nach Europa. Regierungserklärung zum Kosovo abgegeben durch den Bundesminister des Auswärtigen Joschka Fischer am 5. April 2000 in Berlin.

Gersdorff, G. von (2009): Die Gründung der Nordatlantischen Allianz. R. Oldenbourg, München.

Giegerich, B. und A. Nicoll (2008): European Military Capabilities: Building Armed Forces for Modern Operations. IISS, London.

Gompert, D. (1994): How to Defeat Serbia, in: Foreign Affairs 73(4), 30-47.

Gräbner, J. (2010): On NATO's Post-Cold War Eastern Enlargement, in: A. Bebler (Hrsg.): NATO at 60: The Post-Cold War Enlargement and the Alliance's Future. IOS Press, Amsterdam, 135-137.

Group of Experts (2010): NATO 2020: Assured Security; Dynamic Engagement. Analysis and Recommendations of the Group of Experts on a New Strategic Concept for NATO. 17 Mai 2010, Brüssel, http://www. nato.int/strategic-concept/expertsreport.pdf (30.05.11).

Gutschker, T. (2011): Getrennte Systeme, offene Architektur, in: Frankfurter Allgemeine Zeitung, 16. Mai 2011, 10.

Haglund, D.G. (2000): Allied Force or Forced Allies? The Allies Perspective, in: P. Martin und M.R. Brawley (Hrsg.): Alliance Politics, Kosovo and NATO's War: Allied Force or Forced Allies? Palgrave, Basingstoke, 91-112.

Haines, S. (2009): The Influence of Operation Allied Force on the Development of the jus ad bellum, in: International Affairs 85(3), 477-490.

Harsch, M.F. (2011): NATO and the UN in Afghanistan: Partners or Competitors?, in: B.A. Smith-Windsor (Hrsg.): The UN and NATO: Forward from the Joint Declaration. NATO Defense College, Rom, 76-111.

Harsch, M.F. und J. Varwick (2009): NATO and the UN, in: Survival 51(2), 5-12.

Hughes, C.W. (2004): Japan's Re-ermergence as a 'Normal' Military Power. Oxford University Press, Oxford.

IISS (2008): Strategic Survey 2008: The Annual Review of World Affairs. Routledge, London.

IISS (2011): The Military Balance 2011. Routledge, London.

Ikegami, M. (2007): NATO and Japan: Strengthening Asian Stability, in: NATO Review 2/2007, online Ausgabe, http://www.nato.int/docu/review/2007/issue2/english/art4.html (30.05.11).

Jonge Oudraat, C. de (2002): The New Transatlantic Security Network. AICGS Policy Paper No. 20. AICGS, Washington, DC.

Kampfner, J. (2004): Blair's Wars. Free Press, London.

Kaplan, L.S. (2001): NATO Enlargement: An Overview, in: G. Schmidt (Hrsg.): A History of NATO – The first Fifty Years, Volume 1, Palgrave, Basingstoke, 193-206.

Kelleher, C. (1995): The Future of European Security: An Interim Assessment. Brookings Institution, Washington, DC.

Keohane, R.O. (1984): After Hegemony. Princeton University Press, Princeton.

Keohane, R.O und L. Martin (1995): The Promise of Institutionalist Theory, in: International Security 20(1), 39–51.

Kratochwil, F. (2000): How do norms matter?, in: M. Beyers (Hrsg.): The Role of Law in International Politics. Oxford University Press, Oxford, 35–68.

Lachowski, Z. (2002): The Military Dimension of the European Union, in: SIPRI (Hrsg.): SIPRI Yearbook 2002. Oxford University Press, Oxford, 151-173.

Latawski, P. und M.A. Smith (2003): The Kosovo Crisis and the Evolution of Post-Cold War European Security. Manchester University Press, Manchester.

Lindley-French, J. (2003): Dilemmas of NATO Enlargement, in: J. Howorth und J.T.S. Keeler (Hrsg.): Defending Europe: The EU, NATO and the Quest for European Autonomy. Palgrave, New York, 181-199.

Lugar, R.G. (1993): NATO: Out of Area or Out of Business: A Call for U.S. Leadership to Revive and Redefine the Alliance. Speech to the Overseas Writers' Club, 24 Juni, Washington, DC.

Michel, L.G. (2003): NATO Decisionmaking: au Revoir to the Consensus Rule?, in: H. Binnendijk und G. Cordero (Hrsg.): Transforming NATO: An NDU Anthology. National Defense University, Washington, DC, 195-214.

Missiroli, A. (2002): EU-NATO Cooperation in Crisis Management: No Turkish Delight for ESDP, in: Security Dialogue 33(1), 9-26.

Mowle, T.S. und D.H. Sacko (2007): Global NATO: Bandwagoning in a Unipolar World, in: Contemporary Security Studies 28(3), 597-618.

NATO (1949): Der Nordatlantikvertrag. 4 April 1949, Washington, DC, http://www.nato.int/docu/other/de/treaty-de.htm (30.05.11).

NATO (1957): MC 14/2. A Report by the Military Committee to the North Atlantic Council on Overall Strategic Concept for the Defense of the North Atlantic Treaty Organization Area, http://www.nato.int/docu/stratdoc/eng/a570523a.pdf (30.05.11).

NATO (1967): The Future Tasks of the Alliance. Report of the Council – The Harmel Report, 13-14 Dezember 1967, Brüssel, http://www.nato.int/cps/en/natolive/official_texts_26700.htm (30.05.11).

NATO (1968): MC 14/3. A Report by the Military Committee to the Defence Planning Committee on Overall Strategic Concept for the Defense of the North Atlantic Treaty Organization Area, http://www.nato.int/docu/stratdoc/eng/a680116a.pdf (30.05.11).

NATO (1990): Declaration on a Transformed North Atlantic Alliance. Issued by the Heads of State and Government Participating in the Meeting of the North Atlantic Council (The London Declaration), 6 Juli 1990, London, http://www.nato.int/docu/basictxt/b900706a.htm (30.05.11).

NATO (1991): The Alliance's New Strategic Concept agreed by the Heads of State and Government participating in the Meeting of the North Atlantic Council, 7-8 November 1991, Brüssel, http://www.nato.int/cps/en/natolive/official_texts_23847.htm (30.05.11).

NATO (1991b): Declaration on Peace and Cooperation (The Rome Declaration), 8 November 1991, Rom, http://www.nato.int/docu/comm/49-95/c911108a.htm (30.05.11).

NATO (1994): Declaration of the Heads of State and Government participating in the meeting of the North Atlantic Council (The Brussels Summit Declaration), 11 Januar 1994, Brüssel, http://www.nato.int/cps/en/SID-73364D74-3144351F/natolive/official_texts_24470.htm?mode=pressrelease (30.05.11).

NATO (1994b): Partnership for Peace: Invitation Document. 10 Januar 1994, Brüssel, http://www.nato.int/docu/basictxt/b940110a.htm (30.05.11).

NATO (1995): Study on NATO Enlargement. 3 September 1995, Brüssel, http://www.nato.int/cps/en/natolive/official_texts_24733.htm (30.05.11).

NATO (1996): Final Communiqué Ministerial Meeting of the North Atlantic Council. 3 Juni 1996, Brüssel, http://www.nato.int/docu/pr/1996/p96-063e.htm (30.05.11).

NATO (1997): Madrid Declaration on Euro-Atlantic Security and Cooperation. 8 Juli 1997, Madrid, http://www.nato.int/docu/pr/1997/p97-081e.htm (30.05.11).

NATO (1997b): Basic Document of the Euro-Atlantic Partnership Council. 30 Mai 1997, Sintra, http://www.nato.int/docu/basictxt/b970530a.htm (30.05.11).

NATO (1999): The Alliance's Strategic Concept Approved by the Heads of State and Government participating in the meeting of the North Atlantic Council in Washington D.C., 24 April 1999, Washington, DC, http://www.nato.int/cps/en/natolive/official_texts_27433.htm (30.05.11).

NATO (2002a): Prague Summit Declaration issued by the Heads of State and Government participating in the meeting of the North Atlantic Council in Prague, Czech Republic. 21 November 2002, Prag, http://www.nato.int/docu/pr/2002/p02-127e.htm (30.05.11).

NATO (2002b): Press Release (2002)140: Statement by the Secretary General. 13 Dezember 2002, Brüssel, http://www.nato.int/docu/pr/2002/p02-140e.htm (30.05.11).

NATO (2002c): Press Release (2002)142: EU-NATO Declaration on ESDP. 16 Dezember 2002, Brüssel, http://www.nato.int/docu/pr/2002/p02-142e.htm (30.05.11).

NATO (2004): Istanbul Cooperation Initiative. 28 Juni 2004, Istanbul, http://www.nato.int/cps/en/SID-2B5FE842-7DA6C2C0/natolive/official_texts_21017.htm (30.05.11).

NATO (2008a): Bucharest Summit Declaration issued by the Heads of State and Government participating in the meeting of the North Atlantic Council in Bucharest. 3 April 2008, Bucharest, http://www.nato.int/cps/en/natolive/official_texts_8443.htm (30.05.11).

NATO (2008b): Combating Terrorism at Sea. Briefing Active Endeavour, http://www.nato.int/nato_static/assets/pdf/pdf_2006_09/2010_03_D011B221E26B40D891C22D0CA8A7D9AC_active_endeavour2008-e.pdf (30.05.11).

NATO (2010a): Active Engagement, Modern Defence. Strategic Concept for the Defence and Security of the Member of the North Atlantic treaty Organisation, Adopted by Heads of State and Government in Lisbon, 19 November 2010, Lissabon, http://www.nato.int/lisbon2010/strategic-concept-2010-eng.pdf (30.05.11).

NATO (2010b): Backgrounder: Transition. NATO Public Diplomacy Division, Brüssel, http://www.nato.int/nato_static/assets/pdf/pdf_2010_10/2010_10_D34F22C9AE854B7FAA0BB409A21C90D3_101014-transition-backgrounder. pdf (30.05.11).

NATO (2010c): Closing press conference by NATO Secretary General Anders Fogh Rasmussen at the Summit meetings of Heads of State and Government. 20. November 2010, Lissabon, http://www.nato.int/cps/en/natolive/opinions_68887.htm (30.05.11).

NATO (2011a): Alliance Maritime Strategy, http://www.nato.int/nato_static/ assets/pdf/pdf_2011_03/20110318_alliance_maritime-strategy_CM_ 2011_23.pdf (30.05.11).

NATO (2011b): Press conference by NATO Secretary General Anders Fogh Rasmussen on the second day of the meeting of NATO Foreign Affairs Ministers. 15 April 2011, Berlin, http://www.nato.int/cps/en/nato live/opinions_72764.htm (30.05.11).

NATO (2011c): Active Engagement in Cooperative Security: A More Efficient and Flexible Partnership Policy, http://www.nato.int/nato_static/ assets/pdf/pdf_2011_04/20110415_110415-Partnership-Policy.pdf (30.05.11).

NATO (2011d): Building security in an age of austerity. Keynote speech by NATO Secretary General Anders Fogh Rasmussen at the 2011 Munich Security Conference. 4 Februar 2011, München, http://www.nato.int/ cps/en/natolive/opinions_70400.htm (30.05.11).

NATO (ohne Datum): Istanbul Cooperation Initiative (ICI) – Reaching Out to the Broader Middle East, http://www.nato.int/cps/en/natolive/topics_ 58787.htm? (30.05.11).

NATO Parliamentary Assembly (2010): 220 PCNP 10 E rev. 1 – NATO and Contact Countries. Rapporteur Jose Luis Arnaut, Brüssel, http://www. nato-pa.int/default.asp?SHORTCUT=2077 (30.05.11).

Neville-Jones, P. (1996): Dayton, IFOR and Alliance Relations in Bosnia, in: Survival 38(4), 45-65.

Nishihara, M. (2006): Can Japan be a Global Partner for NATO?, in: R.D. Asmus (Hrsg.): Riga Papers: NATO and the Global Partners – Views from the Outside. GMFUS, Washington, DC.

Nötzel, Timo und Schreer, Benjamin (2009a): Does a multi-tier NATO matter? The Atlantic alliance and the process of strategic change, in: International Affairs 85(2), 211-226.

Nötzel, Timo und Schreer, Benjamin (2009b): NATO's Vietnam? Afghanistan and the Future of the Atlantic Alliance, in: Contemporary Security Policy 30(3), 529-547.

Papenroth, T. (2004): Der NATO-Mittelmeerdialog: Istanbul und danach, SWP Aktuell 28. SWP, Berlin.

Papenrith, T. (2005): Eine neue Rolle der NATO in der Mittelmeerregion? SWP Diskussionspapier FG3-DP 02. SWP, Berlin.

Pedlow, G.W. (ohne Datum): The Evolution of NATO's Command Structure, 1951-2009, http://www.aco.nato.int/resources/21/Evolution%20of%20 NATO%20Cmd%20Structure%201951-2009.pdf (30.05.11).

Pfeiler, W. (2002): NATO-Strategien im Wandel – eine historische Reminiszenz, in: H. Timmermann und A. Pradetto (Hrsg.): Die NATO auf dem Weg ins 21. Jahrhundert. Lit Verlag, Münster, 81-92.

Riding, A. (1991): Conflict in Yugoslavia: Europeans Send High Level Team, in: New York Times, 29 Juni 1991, http://www.nytimes.com/1991/06/29/world/conflict-in-yugoslavia-europeans-send-high-level-team.html (30.05.11).

Rudolf, P. (2005): The Myth of the 'German Way': German Foreign Policy and Transatlantic Relations, in: Survival 47(1), 133-152.

Rühe, V. (1993): Shaping Euro-Atlantic Policies: A Grand Strategy for a New Era, Alastair Buchan Memorial Lecture, London, 26. März 1993, http://www.iiss.org/conferences/alastair-buchan/alastair-buchan-lecture-transcripts/ (02.06.11).

Rühe, V. et.al. (2010): Die Tür öffnen: Für Russlands Beitritt zur NATO, in: Der Spiegel, 8 März 2010, http://www.spiegel.de/spiegel/0,1518,682256,00.html (30.05.11).

Rühle, M. (2010): A Moment of Truth, in: A. Bebler (Hrsg.): NATO at 60: The Post-Cold War Enlargement and the Alliance's Future. IOS Press, Amsterdam, 173-176.

Said, M.K. (2004): Assessing NATO's Mediterranean Dialogue, in: NATO Review 1/2004, online Ausgabe, http://www.nato.int/docu/review/2004/issue1/english/art4.html (30.05.11).

Sanfelice di Monteforte, F. (2010): On the Geostrategic Aspects of NATO's Enlargement, in: A. Bebler (Hrsg.): NATO at 60: The Post-Cold War Enlargement and the Alliance's Future. IOS Press, Amsterdam, 131-133.

Smith-Windsor, B.A. (2011): Misery Makes for Strange Bedfellows: The Future of the UN-NATO Strategic Partnership, in: B.A. Smith-Windsor (Hrsg.): The UN and NATO: Forward from the Joint Declaration. NATO Defense College, Rom, 15-52.

Sperling, J. und M. Webber (2009): NATO: From Kosovo to Kabul, in: International Affairs 85(3), 491-511.

Theiler, O. (2003): Die NATO im Umbruch: Bündnisreform im Spannungsfeld konkurrierender Nationalinteressen. Nomos, Baden-Baden.

Thomas, J.P. (2000): The Military Challenges of Transatlantic Coalitions. Oxford University Press, Oxford.

Vahlas, A. (2011): Dispelling Misperceptions for a Renewed Synergy between the United Nations and the Atlantic Alliance, in: B.A. Smith-Windsor (Hrsg.): The UN and NATO: Forward from the Joint Declaration. NATO Defense College, Rom, 53-75.

Vanhoonacker, S. (2001): The Bush Administration (1989-1993) and the Development of a European Security Identity. Ashgate, Aldershot.

Varwick, J. (2008): Die NATO: Vom Verteidigungsbündnis zur Weltpolizei? C.H. Beck, München.

Vereinte Nationen (2011): The Situation in Afghanistan and its Implications for International Peace and Security. Report of the Secretary General, S/2011/120, 9. März 2011, New York.

Wallace, W. (2001): Rethinking European Order: West European Responses, 1989-97, in: R. Niblett und W. Wallace (Hrsg.): Rethinking European Order: West European Responses, 1989-97. Palgrave, Basingstoke, 1-26.

Wallander, C.A. (2000): Institutional assets and adaptability: NATO after the Cold War, in: International Organization 54(4), 705-735.

Wallander, C.A. und R.O. Keohane (1999): Risk, Threat, and Security Institutions, in: H. Haftendorn, R.O. Keohane und C.A. Wallander (Hrsg.): Imperfect Unions: Security Institutions Over Time and Space. Oxford University Press, New York, 21–47.

Walt, S.M. (2000): NATO's Future (In Theory), in: P. Martin und M.R. Brawley (Hrsg.): Alliance Politics, Kosovo and NATO's War: Allied Force or Forced Allies? Palgrave, Basingstoke, 11-25.

Waltz, K. (1979): Theory of International Politics. McGraw Hill, New York.

Weinrod, W.B und C.L. Barry (2010): NATO Command Structure: Considerations for the Future. Center for Technology and National Security Policy, National Defense University, Washington, DC.

Weisser, U. (1992): NATO ohne Feindbild. Konturen einer europäischen Sicherheitspolitik. Bouvier, Bonn.

Williams, M.J. (2009): NATO, Security and Risk Management. From Kosovo to Kandahar. Routledge, London.

Yost, D.S. (2003): The U.S.-European Capabilities Gap and the Prospects for ESDP, in: J. Howorth und J.T.S. Keeler (Hrsg.): Defending Europe: The EU, NATO and the Quest for European Autonomy. Palgrave, New York, 81-106.

Yost, D.S. (2007): NATO and International Organizations. Forum Paper No. 3. NATO Defense College, Rom.

Zeppelin, J. und C. Hecking (2011): Aus dem Pakt geraten, in: Financial Times Deutschland, 30. Januar 2011, 23.

12   Verzeichnis der Abbildungen und Tabellen

Elemente der Politik

Hrsg. von Bernhard Frevel / Klaus Schubert / Suzanne S. Schüttemeyer / Hans-Georg Ehrhart